문학과지성 시인선 386

토마토가
익어가는 계절

이준규 시집

문학과지성사

문학과지성사에서 펴낸 이준규의 시집

흑백(2006)
네모(2014)

문학과지성 시인선 386
토마토가 익어가는 계절

초판 1쇄 발행 2010년 11월 29일
초판 4쇄 발행 2025년 2월 14일

지 은 이 이준규
펴 낸 이 이광호
펴 낸 곳 ㈜문학과지성사
등록번호 제1993-000098호
주   소 04034 서울 마포구 잔다리로7길 18(서교동 377-20)
전   화 02)338-7224
팩   스 02)323-4180(편집) 02)338-7221(영업)
전자우편 moonji@moonji.com
홈페이지 www.moonji.com

ⓒ 이준규, 2010. Printed in Seoul, Korea

ISBN 978-89-320-2174-4 03810

이 책의 판권은 지은이와 ㈜문학과지성사에 있습니다.
양측의 서면 동의 없는 무단 전재 및 복제를 금합니다.

문학과지성 시인선 386
토마토가 익어가는 계절

이준규

2010

다시, 지혜에게

시인의 말

지렁이는 마르고 나는 지워진다.

2010년 11월
옥골 세말재에서
이준규

토마토가 익어가는 계절

차례

시인의 말

내 마당 9
문 11
후회 110
눈물 113
누가 115
그러나 너는 나비 117
칠월 121
휘파람새 123
검은머리방울새 125
모른다 127
토마토가 익어가는 계절 137
새앙각시 173
그는 174

해설 | 체스 · 허윤진 176

내 마당

내 마당에는 매일 잉어 떼가 온다
무언가 찢어지는 고통을 느끼며 파도의 산을 넘어
내 마당에는 매일 은행나무가 성큼성큼 다른 길을 내고
마치 사막의 설치류가 오솔길을 만들듯
내 마당에는 매일 청개구리가 폴짝폴짝 담을 쌓는다
담 사이에는 순간순간 이끼가 자라고 봉선화 피고
내 마당에는 담이 없고 내 마당에는 담이 하얗다
내 마당에 널 불렀더니 너는 훌쩍훌쩍 마당을 지우고
내 마당에 널 앉혔더니 너는 키득키득 마당을 맛있게 먹었다
내 마당은 너무 넓어 입구가 없고
내 마당은 너무 넓어 자꾸자꾸 죽기만 한다
내 마당에는 매일 잉어 떼가 오고
고통도 없고 절망도 없고 미래도 없고 사랑도 없다
내 마당은 커다란 배가 되고
나는 끝없이 노를 젓고 더 이상 동료도 없고

나는 땡볕에도 녹지 않는 얼음산을 향해 나아간다
물론 희망 없이, 내 마당을 완성하기 위하여

문

 문을 연다. 흐른다. 흰색에 더해지는 흰색. 문을 열고 들어가 문 앞에 서다. 지나가다. 멈추다. 지나가다. 서다. 문을 연다. 흐른다. 문을 연다. 문을 열었다. 서 있는 너. 그것. 돌아서는 몸. 돌아서는 몸. 흐르는 너. 흐르는 너는 주름이 깊다. 문을 밀고 들어가. 서다. 앉다. 그가 말한다. 흐른다. 그가 말한다. 여기에서 저기까지. 흘러. 그가 말한다. 사다새 하나. 사보텐 하나. 사보타주 하나. 매미에서 귀뚜라미까지. 그가 말했다. 실솔. 그가 말한다. 그대가 나를 사랑하나. 그대는 어디에. 나는 그대를 사랑하나. 금작화. 엉겅퀴. 수국. 개밀. 쐐기풀. 그가 말했다. 당신. 노래하는 당신. 당신은 어디에. 아무르 강 넘어 문지방 넘어 흐릿하게 선 그. 그를 보고 그가 말한다. 그가 말한다. 흐릿한 형상. 녹는 것. 물. 얼룩. 꼬인 터럭 하나. 꼬인 터럭 둘. 꼬인 터럭 셋. 눈물 한 방울. 흐르는 비. 탁. 탁. 탁. 흐르는 문을 열고 계단을 내려가고 있다. 그가. 그는. 있는 계단의 끝은. 검다. 문을 열고 계단을 내려가고 있다. 있는 계단의 끝은 어둡다. 어두운 문을 열고. 냉장고의 문을 열고 냉장고의 속으로 들어가듯. 그는. 나는. 너는. 우리는. 문을 열고 계단을 내려간다. 지하로 내려가듯. 다른 공간으로 이동하는 통로가 있다는 듯. 바람 불고 먼지 날리고. 다시 계단을 올라 문을 열고 방으로 들어왔다. 방에 있는 나는. 나는 누렇게 뜬다. 자꾸 떠 누렇게 흐른다. 세상이. 내가. 네가. 그가. 잠자리가. 계단을 오르는 것을 본다. 그가. 그가. 꿈은 병. 사라지는 것들. 새롭게 나타나는 것들. 자라는 풀. 떨어지는 잎. 충분히 쉰 땅. 진달래. 개나리. 칡. 도라지. 입 벌리고 배추흰나비의 비행 궤적을 바라본다. 누가. 허공에 손가락으로 그려본다. 그리고 나. 너. 그. 우리. 입을 조금 벌리고 계단을 내려가고 있다. 나는 너를 그리워하는 나일 때. 옛날에 내가 바보였을 때. 내가 칠해져 있을 때. 눈 뜨지 못할 때. 헛소리할 때. 계단을 내려가고 있다. 파도 소리를 들으며 눈을 감는다. 눈물에 빠진다. 검은 파도가 계속 흔들리고 있다. 더듬거리며. 문을 연다. 방 안에서 방 밖에서 방을 지우며 문을 연다. 문을 닫았다. 아무것도 지워지지 않았다. 기억은 무의미하고 망각은 무의미하고 벽에 바닥에 떨어진 음모 같은 그림을 그리고 그는 나는 너는 문을 열었다. 그의 복부를 뒤꿈치로 차듯 발로 차서 문을 열었다. 겹눈을 가진 무한의 문. 문을 열었다. 흐른다. 문을 열었다. 그는 들판을 달리다 문득 선 토끼처럼 서 있다. 그는 서 있지만 그것으로 끝이 아닌 게 아니라 끝이다. 그는 문을 열고 들어왔다. 끔찍한 소음이 아무것도 들리지 않게 했다. 그는 이런 상황을 소란한 정적이라는 어디선가 들어본 조어로 명료하지 않게 정리했다. 그는 순간순간 비참했다. 다시 말하지만 그는 순간순간 놀라는 토끼처럼 비참했다. 놀람의 직후처럼 비참했다. 놀람의 직후라니. 직후는 직장의 후인가. 아닌가. 직장은 대장의 말단부로서 위는 S상 결장에 이어지고 하단은 항문을 통해 외계로 열리는 곧은 부분이다. 외계로 열리는 곧은 부분. 외계로 열리는 곧은 부분. 외계로 열리는 곧은 부분. 외계로 열리는 곧은 부분. 그 직장처럼 난처했다. 그는 이 방에 들어오고 싶지 않았는데 이 방으로 문을 열고 들어왔다. 그는 방파제가 있고 등대가 있는, 방파제 위를 걸을 수도 있는, 방파제 위에 오르지 말라는 경고문이 있어도 올라가도 되는, 그런 방파제가 있고 많은 고양이들이 수족관을 탐하고 횟집의 주인은 객실에 누워 낮잠을 자거나 훌라후프를 하는, 그런 횟집이 있는, 지나치게 썰렁하여 썰렁하다는 느낌 말고는 다른 느낌을 가질 수 없는 그런, 바로 그렇게 무언가 참을 수 없는 비참을 전시 중인, 갤러리보다 더 비참하고 난감하고 음탕한 그런, 바로 그런 흔하디흔한 바닷가에 가고 싶었다. 그런 바다에 가서 무작정 배에 오르고 싶었다. 그러고 싶었지 결코 문을 열고 들어가 이런 단조롭고 무서운 방으로 들어오고 싶지는 않았다. 이곳엔 시체 따위도 없었다. 그는 너나 내가 되는 것이 차라리 낫겠다 싶었다. 그는 일상, 하고 소리쳐보았다. 자살, 하고 소리쳐보았다. 그는 방의 벽을 보았다. 벽은 하얀 벽이었다. 하얀 벽에는 가는 금이 있었다. 입을 꼭 다문 성적 입술 같았다. 루주를 칠하지 않은 입술 같기도 했고 불타오르는 입술 같기도 했고 부르튼 입술 같기도 했고 피가 흐르는 입술 같기도 했다. 하지만 하얀 벽의 금은 하얀 벽의 금과 정확히 일치한다고 말하는 게 가장 그럴듯하였다. 하지만 그럴듯함과 그런 것은 다르다는 생각을 버릴 수 없었다. 하얀 벽으로 둘러싸인 매우 실제적인 하얀 벽으로 둘러싸인 하얀 방에서 멍하게 서 있다가 그는 너는 나는 문을 열고 나갔다. 나가서 생각했다. 다시 들어가야지. 이유는 없었다. 문을 열고 들어간다. 무의미한 여자가 의자에 앉아 있다. 문을 닫았다. 외계는 그다음에 있는 것이다. 없는 것이다. 문을 열었다. 들판을 달리다 문득 선 토끼처럼. 토끼가 말했다. 토끼가 말하지 않았다. 토끼가 말했다. 토끼가 말하지 않았다. 토끼가 말했다. 토끼가 말하지 않았다. 토끼가 말했다. 토끼가 말하지 않았다. 토끼가 말했다. 토끼가 말하지 않았다. 토끼가 말했다. 토끼가 말하지 않았다. 토끼가 말했다. 토끼가 말하지 않았다. 너는 앞발이 길다. 너는 더듬었다. 너는 중얼거렸다. 너는 웅얼거렸다. 문을 연다. 깍깍깍 문을 열고 들어간다. 까치가 짖다 만다. 다시 짖는다. 커피 잔 속의 커피가 호리병 안의 바다처럼 흔들린다. 그것을 본다. 이동한다. 이동하며 보았다. 까치 한 마리. 커피. 호리병. 바다. 문을 열고 들어가 보았다. 방파제가 있는 바닷가와 그. 너. 나. 앉아 있는 그. 너. 나. 넓게 퍼지며 지는 해를 바라보는 그. 너. 나. 계속 경직돼 있다. 바다에 섞이는 순간은 없다. 물거품을 본다. 더러워진 갈매기. 더러워진 갈매기. 더러워진 갈매기. 그는 갈매기를 한 번. 그리고 두 번. 그리고 세 번. 그리고 네 번. 그리고 다섯 번. 그리고 비가 내렸다. 무정한 갈매기. 무정한 방파제. 무정한 방죽. 뜨거운 맨발. 물. 흐르는 퍼런 육체. 책상 앞에 앉은 너. 나. 그. 유리에 비친 얼굴. 흑연 맛. 커피. 방파제가 있는 바다가 가리키는 침묵. 죽음과 닮아가는 순간. 문을 열고 들어가 본다. 지쳐 죽어 젖은 갈매기. 초록 벤치에 누운 그. 스쳐 지나가는 나. 무정한 나. 무정한 너. 무정한 그. 사라지는 추락하는 너.

나. 그. 문을 연다. 줄어드는 문. 늘어나는 문. 문을 연다. 너는 문을 연다. 책상 쪽으로 간다. 책상은 오늘 어제와 조금 다르다. 어떤 책은 그대로 있고 어떤 책은 책꽂이로 돌아갔다. 비가 내린다. 너는 문을 닫는다. 계속 책상 쪽으로 간다. 책상은 흔들리고 늘어나며 점점 멀어진다. 이 순간은 끝없이 지연된다. 계속 무한히 멀어지는 책상 쪽으로 향한다. 책상에 결코 다다를 수 없을 것이라고 너는 생각한다. 잘못한 생각이다. 초인종이 울린다. 너는 느리고 힘겹게 발걸음을 돌려 문 쪽으로 향한다. 한 여자가 문을 열고 들어온다. 여자의 손에는 분무기와 책이 들려 있다. 여자는 말한다. 이 분무기를 사용할 수 있고 이 책을 사용할 수 있다. 너는 두려웠다. 너는 눈을 감았다. 눈을 뜨니 다른 여자가 서 있었다. 옷을 모두 벗고 손에는 망치를 들고 있다. 너는 말할 수 없었다. 너는 눈을 감았다. 다시 눈을 뜨니 여자는 사라지고 없었다. 초인종 소리는 무엇일까. 그러고 너는 다시 힘겹고 느리게 몸을 돌려 책상 쪽으로 발을 내딛는다. 너

는 어지러워한다. 사라진 여자가 뭐라고 조금 더 말한다. 곧 조용해진다. 주위의 사물들은 모두 일시적으로 사라진다. 오직 책상과 너만 있다. 이런 있음은 단순해서 좋다. 이 단순함 속에 무한이 있다. 너는 무한을 단순하다고 생각하는가. 무한은 단순하지 않다. 무한은 무한하다. 너는 계속 책상을 향해 나아간다. 소파가 하나 있으면 좋겠다는 생각을 하는 순간 소파가 나타난다. 너는 참으로 쉽게 인생을 떠나보내고 있다. 삶에서 건질 수 있는 건 없다. 너는 책상에 가기 전에 소파에 잠시 눕는 게 그다지 큰 잘못이 될 수는 없을 것이라고, 그런 법은 어디에도 없다고 생각하며 소파에 눕는다. 너는 오랜 우울의 추억에 휩싸인다. 너는 갑자기 개새끼,라고 소리친다. 너는 무안해진다. 너는 시원한 가죽 소파가 좋으련만, 하고 중얼거린다. 한때 너는 너를 사랑했었다. 하지만 지금 네 머릿속에는 아무런 느낌이 없다. 흔한 말로 이것도 아니고 저것도 아니다. 이 더운 여름에 천으로 된 소파라는 점이 좀 아쉽지만 소파 그 자체에 만족하기로 하고 소파에 누워 책상 쪽을 물끄러미 바라본다. 책상은 소파에 누워 바라보면 어떤 미지의 고원 같고 그 미지의 고원 위에는 이런저런 건물이 있고 건물 사이로 사람도 차도 말도 낙타도 마차도 지나다니는 것 같다. 하지만 그것은 책상 위의 책과 연필과 볼펜과 찻잔과 종이와 먼지일 뿐이다. 이왕 소파에 누운 너는 아주 쉽고 하지만 역겹지 않은 어떤 책을 읽으며 졸거나 담배를 피우고 시원한 과일 주스를 마시며 책상 너머를 물끄러미 바라보면 좋겠다라는 생각도 했다. 하지만 너는 소파에서 일어나야 한다는 생각을 지울 수 없어 다시 소파에서 일어나 책상 쪽으로 향한다. 너는 책상 앞의 의자에 앉는다. 너는 네가 책상 앞에 간 이유를 알고 싶지 않다. 그것은 네가 피하고 싶은 앎이다. 너는 결코 바르게 생각할 수 없는 불행한 운명을 타고났다. 너는 곧 다시 일어나 문을 향해 걸어간다. 책상에 앉는 일보다 문들을 지나가고 문과 문 사이에 서고 무언가 난처하고 몽롱한 상태에서 어떤 대상과 만나 그 대상을 겪은 후에, 그런 것들을 반복한 후에 책상으로 가는 것이 더 바람직할 것이라는 이상한 생각을 했다. 말하자면 너는 너를 지연시키고 있는 중이다. 너는 문을 열고 들어가 책상 쪽을 향해 북극여우처럼 문득 섰다. 너는 생각했다. 문과 문 사이에 비가 내렸다. 그 비를 써야 했다. 그 비는 슬프게 내릴 것이다. 약간의 오줌 냄새와 항문 냄새를 섞어서. 너는 실패다. 너는 언제나 다시 써야 하는 실패일 뿐이다. 너는 오직 실패일 뿐이고 실패를 통해서 얻을 수 있는 건 실패일 뿐이다. 모든 희망을 버려라. 너에겐 사후 명성 따위도 없을 것이다. 너는 걸신들린 주정뱅이, 치욕일 뿐이다. 너는 오점이다. 너는 다시 앉아 쓴다. 너는 너다. 너는 너의 자지를 가끔씩 만지는 너다. 얼마나 훌륭한가, 그런 너는. 너는 쓴다. 계속 그리고 다시. 쓰고 있는 너. 쓰고 있는 나. 왔다. 갔다. 왔다. 갔다. 문을 연다. 공기의 문. 공기의 문을 열고 공기의 문 앞에 선다. 공기의 문을 여는 것은 덤불해오라기다. 덤불해오라기는 그의 커다란 머리를 두리번거리며 이파리 하나하나 갈대 줄기 하나하나를 그의 커다란 머리와 황갈색 몸으로 회전문을 밀듯이 전철역의 철봉을 밀듯이 밀면서 부드럽지만 둔중하게 앞으로 나아간다. 덤불해오라기가 앞으로 나아가는 것을 꼭 앞으로 나아간다라고 칭할 수는 없다. 그는 공기로 된 이파리를 밀고 나아가는 것이기에 그의 나아감은 언제나 회전문 안에 갇힌 어떤 난처한 자의 형국이 된다. 아주 난처하지는 않다. 피가 흐르거나 살점이 떨어지거나 깃이 뽑히거나 하지는 않고 있기 때문이다. 공기의 문을 열고 공기의 문 앞에 선다. 커피를 한 모금 마시고 기침을 하고 바닥을 쓸고 제복을 입은 사나이를 조심하고 너무 깨끗하게 차려입은 여자를 조심하고 먼지 쌓인 검고 작은 차를 조심하며 언제나 살얼음 위를 가듯 덤불해오라기는 자신의 길 아닌 길을 가고 있다. 그의 커다란 머리를 두리번거리며 눈표범이나 북극여우를 만나서 자신의 진보에 대해 상의할 수 있을 때를 기다리며 바스락거리며 가끔 의도하지 않은 방귀를 뀌어 공기의 분위기를 바꾸며 다시 커피를 한 모금 마시고 덤불해오라기는 공기로 된 수없는 이파리의 문을 열고 난처한 다른 덤불해오라기가 되어 황갈색 그 자체가 되어 덤불해오라기에 의지하며 동행 없이 어떤 흐릿함이 되어, 덤불해오라기의 흐릿함이 되어 흐릿한 공기의 문으로 전진한다. 공기의 문을 열고 공기의 문 앞에 선다. 공기의 문을 열고 공기의 문 앞에 선다. 문이 사라진다. 그는 공기의 문을 손이나 머리나 입이나 주둥이나 부리나 엉덩이나 궁둥이나 허리나 발이나 무릎이나 가슴이나 그 밖의 다른 것으로 민 그는 덤불해오라기도 하얀 나비 무늬가 일정하게 새겨진 빨간 드레스도 중부리도요도 댕기물떼새도 뚱딴지도 어처구니도 터무니도 개망초도 고뽕도 어지자지도 새앙각시도 앤생이도 어정뱅이도 국수나무도 실솔도 척촉도 두견이도 투구꽃도 투구게도 아닌 그가 되어 얼굴에 목에 머리에 사타구니에 물을 적시고 다시 맑고 반짝이는 눈을 가지고 그러나 멍청하게 넋이 나간듯한 표정으로 사라진 문을 다시 밀고 문 앞에 선다. 각설탕 두 개를 내 커피에 넣어줘,라고 그는 그의 동반자에게 말한다. 그의 동반자는 각설탕 두 개를 그의 커피에 넣고 다른 각설탕을 자신의 혀에 적당히 녹인 후 그의 혀에 혀로 옮겨준다. 그는 그러니까 뚱딴지도 어처구니도 터무니도 은사시나무도 자작나무도 고뿔도 덤불해오라기도 개개비도 장수풍뎅이도 투구벌레도 직박구리도 휘파람새도 비오리도 할미새도 박새도 티티새도 깨새도 딱새도 아닌 그는 커피를 마시기 전에 동반자의 타액과 함께 혀로 전해져 더욱 감미로운 각설탕을 음미한 후 왜 혀로 각설탕을 주었냐고 내가 언제 그런 걸 바랐느냐고 왜, 이왕이면 쓴 초콜릿으로 내 혀를 즐겁게 하지,라며 짜증을 냈고 동반자는 차가운 미소로 답한 후 그의 뺨을 송치가죽백으로 후려쳤다. 그는 그러니까 드레스도 물소도 개개비 사촌도 자낙스도 겔포스도 용각산도 은단도 물소도 코끼리도 설표도 로봇도 부엉이도 오리도 에스컬레이터도 도미노도 물담배도 박하차도 건빵도 거북이도 진짜 거북이도 웃음만 있는 고양이도 몸 없는 목도 맹목적인 사랑도 아닌 그는 그래 내가 원하는 게 바로 이거야, 라고 말하며 자리에서 일어나 눈을 비비며 문을 열고 그러니까 문이라고 칭할 수 없는 공기의 문을 열고 밖이라고 칭할 수 없는 밖으로 바닥 없는 바닥 위를 걸어 나간다. 그는 진보 중이다. 그의 진보하는 모습은 프레스로 누른 펭귄 같기도 하고 서진으로 누른 파리 같기도 하고 그저 고립되어 두리번거리는 덤불해오라기 같기도 했으며 언뜻 사람 같기도 했다. 별이 없는 겨울밤 새 떼가 북쪽으로 이동한다. 여기저기 혈흔이 보인다. 문을 연다. 그는 마셨다. 그는 질질 끌며 정면을 본다. 정면엔 쉽게 태워버릴 수 있는 짚으로 된 여자가 다리를 꼬고 미니스커트를 입고 때론 브래지어를 추켜올리며 로제 와인을 마시고 있지는 않고 그저 낡은 속옷을 입고 초이스나 맥심 커피를 마시고 있을 뿐인데 그가 갑자기 너는 뭔데 왜 내 앞에 나타나 내 순수하기만 한 상상에 오물을 섞느냐고 외치자 짚으로 되어 쉽게 쓰러지고 쉽게 타버릴 것 같은, 엄밀하게는 여자라고 할 수 없는 여자는 짚으로 된 여자 같은 미소를 짓는 듯하더니 짚으로 된 주머니에서 짚으로 된 성냥을 꺼내 자신의 짚으로 된 몸, 그러니까 지푸라기의 결합체에 불을 붙이며 깔깔깔 웃으며 이 빈혈의 3류 시인아, 이 불면의 식은땀을 쥐어짜는 3류 시인아, 나는 탄다, 너의 슬픔 따위와는 상관없이 나는 타서 재가 된다, 너는 여생을 나를 그리워하고 나를 연상하는 것을 욕망하며 허비할 것이다, 외치고 정말 짚으로 된 여자답게 잘 타서 고스란히 재가 되는 것을 그는 무언가 꽤 우습다는 느낌을 갖고, 그러나 웃지는 않으면서, 만약 웃는다면 저 잿더미가 다시 회오리를 타고 상승하는 잿더미처럼 일어나 또 조금 연극적인 말을 외칠 것 같고, 이번에는 별로 자극적이지 않을 듯하니 그저 아까처럼 희미하고 우울하게 앉아 커피를 마시며 그를 사랑한다는 듯이 바라봐주기를 바랄 뿐인데, 다행히 다시 기립하는 일은 일어나지 않았다. 짚으로 된 여자가 이렇게 쉽게 타버린 것은 이것을 위해 좋지 않다. 질질 끌리는 앞. 별이 없는 겨울밤 새 떼가 북쪽으로 이동한다. 그는 문을 밀고, 눈물을 밀듯이 문을 밀고 문을, 문을, 문을, 밀고, 공기, 문을 열고, 문을, 문, 문을, 문을 열고 들어가, 문을 열 수 있다니, 하며 문을 열고 들어가, 아, 오, 들끓는 시, 들끓는 시, 없는 문지방을 넘어 시혼이 된 짚으로, 짚으로 된 여인, 여자, 여성, 무성의 짚으로 된 여인을 밟고, 내 그림자에 놀라며, 내 그림자에 겹치며, 나의 왼쪽 가슴을, 나의 폐를, 나의 혀를, 바닥에 그림자로 떨어뜨리며, 문지방을 넘어 한 시공으로, 흐르는 하나의 시공으로, 지금이 없는, 있을 수 없는, 시공으로 들어가 보니, 바닥에 엎드려 시를 쓰던 짚으로 된 불안의 총체, 불안의 현현, 불안의 상징, 불안의 정화, 불안의 반복, 불안의 되풀이인 짚으로 된 엎드려 시를 쓰던 그림자가 개구리, 두꺼비, 뱀, 지네, 구더기, 지렁이를 종이 위에 토하고 있었다. 나는 발 디딜 틈도 없이 가득한 개구리의 시, 두꺼비의 시, 뱀의 시, 지네의 시, 구더기의 시, 지렁이의 시를 아픈 허리를 구부려 만져보려는데 불안의 시를 토하던 짚으로 된 엎드려 시를 쓰던 나의 그림자, 너의 그림자, 모두의 그림자,

모두의 비존재, 모두의 무인 짚으로 된 여인은 개구리의 시, 두꺼비의 시, 뱀의 시, 지네의 시, 구더기의 시, 지렁이의 시를 토하다 말고 나를 노려보며 아직 종이 위에 고정되지 않은 이 시들을 너는 만지려고 했으니 너는 곧 염소가 되어 잘게 썰려 시를 담은 상자 안에 포장될 것이다, 이 멍청한 표절을 일삼는 삼류 변방 후진국 시인아! 멸종할, 어쩔 수 없는 엉터리야! 어처구니야! 터무니야! 하고 시를 또 쏟아내기에 나는 받아 적을 펜이 없어서 나쁜 기억력으로 애써 기억하려 애쓰고 있는데 갑자기 개구리의 시, 두꺼비의 시, 뱀의 시, 지네의 시, 구더기의 시, 지렁이의 시들이 바닥에서 그림자로 발기하더니 내게 총공세를 시작하는 것이다. 나는 경악할 틈도 없이 이 상황을 제거하고 싶었고 그렇게 했다. 순간 암전이 있더니 다시 환해지고 바닥 위엔 하얀 종이가 하나 있었고 자세히 보니 개구리, 두꺼비, 뱀, 지네, 보석, 구더기, 지렁이, 상자, 불안, 집, 서성거리다, 염소, 시, 뜯어 먹다, 문 따위의 한글이 검은 글씨로 적혀 있었다. 이건 또 흑백이군, 하고 그가 다른 방으로 이동하고 싶어 할 때 불안이 다시 문을 열고 들어와 나가 되었다. 나는 그가 되고 싶은데 보통 나였다. 샤워를 끝낸 그가 문을 열고 들어와 외출 준비를 하고 있다. 나는 아직 어떤 문도 열지 못했다. 실패의 지리멸렬한 구축. 실패의 개구리 떼, 두꺼비 떼, 뱀 떼, 지네 떼, 구더기 떼, 지렁이 떼, 염소 떼. 충치로 고생하는 짚으로 된 여인의 변신. 쏟아져 담을 수 없는 먼지 같은 보석들. 나는 나를 읽었는데 시가 되는 시공. 지금 밖의 시공. 무리하고 접힌, 구부러진 반복하는 문. 그리고 또 문. 또 문. 공기의 문을 열고 공기의 문 앞에 선다. 그는 문을 열고 나갔다. 나간다. 나갈 것이다. 꼭 그렇게 되었다. 될 것이다. 문을 열고 감탄사를 호주머니에 넣고 휘파람 없이 아침의 보리밭을 밟지 않고 해변에 취해 눕지도 않고 커피와 담배에 취해 멍청해진 중처럼 그는 문을 열고 밀고 그렇게 꼭 그렇게 나가 찬 바람을 마실 것이다. 그렇게 나갈 것이다. 보리차를 그리워하며 문득 길 잃은 망아지처럼 뒤로 고개 돌려 지는 해를 바라보다가 이 무슨 안 어울리는 짓이냐, 지껄인 후 망아지처럼 언덕을 내려갈 것이다. 말하는 말이 되어 말을 타고 말을 잡고 말을 몰아 흔하게 도처에서 말이 되어 말처럼 들판을 달리는 한 마리 말이 되어 말이니까 문득 갑자기 그는 나무다리를 건넌다. 그는 문을 두드린다. 문은 아무런 두려움 없는 소녀처럼 열린다. 상투적으로 열렸다. 열린 문으로 들어간다. 온몸으로 들어간다. 문을 열고 들어가 앉는다. 앉아 맥주를 마신다. 빵을 씹는다. 그 방에는 책상도 책장도 없다. 종이와 연필만 있다. 하나 쓰고 하나 버리고 둘 쓰고 둘 버리고 셋 쓰고 셋 버리고. 칠판에 분필로 쓰고 지우고 쓰고 지우고 쓰고 지우고. 분필을 씹다가 뱉고 씹다가 뱉고 씹다가 뱉고. 그는 나선형 계단을 오른다. 그는 바람 소리를 들으며 포도주를 마시며 자기 시집을 읽으며 울고 있다. 그는 나선형 계단을 내려간다. 커다란 하얀 개가 올라온다. 피한다. 그는 어떤 정원으로 들어간다. 정원에선 당연히 토끼가 급히 지나간다.

정원을 지나가니 바다다. 해변 위를 커다란 검은 개 한 마리가 이리저리 뛰어다니고 있다. 등대가 보인다. 방파제가 있다. 등대가 방파제를 지나 도시로 사라지고 있다. 끝없이 그렇게. 바로 그렇게. 문득 사라지는 등대. 그리고 동반하는 방파제. 사라진 곳에 서 있는 그 정직한 공허. 그는 다시 나무다리를 건넌다. 문을 두드린다. 문을 두드리는 순록처럼. 문을 두드리는 붉은 곰처럼. 문을 두드리는 눈보라. 눈보라. 눈보라. 눈보라. 눈보라. 눈보라. 문을 밀어 열었다. 휘파람새는 돌아올 수 없다,라고 생각하는 순간 휘파람새가 셋이 되었고 휘파람새는 시끄러웠고 새똥은 굳어버렸다. 문을 열고 나가 문을 열고 들어왔다. 서가 앞에 서다. 문방구, 하고 발음해본다. 무정한 문방구. 차가운 문방구. 문방구. 팩스를 보내겠어요. 눈 내리고 바람 불고 플라타너스 이파리 모조리 떨어지는 날. 아스팔트가 젖었다. 눈이 내렸다. 아스팔트가 젖었다. 양버즘나무 하나가 뚜렷해진다. 추억의 습관을 진행하는 것은 하나의 병이다,라고 쓴 옛 일기를 보았다. 바람이 분다. 앉는다. 너는 돌아갔다. 어른놀이가 시작되었다. 너는 결코 어른이 될 수 없으나 미치지도 못했다. 너는 한심하게 살다가 초라하게 죽을 것이다. 너는 절대로 근사치에 다가갈 수 없다. 심박 속도보다 영혼이 더 빠르다고 쓴 종이를 만졌다. 종이 위로 무언가 쏟아졌다. 천재는 쉽다, 라는 문장을 읽고 피식 웃었다. 천재는 쉽다. 거기에 창조를 하자, 라는 문장을 덧붙여 온 사방 담벼락에 분필로 썼다. 비가 내려도 지워지지 않았고 세월은 흘렀다. 분필 흔적을 볼 때마다 창피해서 자살하고 싶었다. 천재는 쉬웠다. 그뿐. 그는 말했다. 그는 마셨다. 그는 읽었다. 그는 썼다. 그는 보았다. 그는 들었다. 그는 했다. 하고, 하고, 또 했다. 아무리 해도 할 수 없었다. 그는 우주의 어릿광대였지만 문을 열고 나간다. 문을 열고 나갔다가 문을 열고 들어온다. 눈 내리는 날 팩스를 보내지 않았고 다시는 널 만나지 않았다. 문을 밀었다. 배를 밀듯이. 제법 남처럼 문을 밀었다. 어색한 쓸쓸함이 벌 떼처럼 윙윙거렸다. 문을 닫았다. 문을 닫고 가짜로 울었다. 슬펐다. 문을 본다. 별이 없던 겨울밤, 새 떼는 북쪽으로 이동했다. 그는 그것을 기다리고 있었다. 배를 채우고 공간을 넓히며 담배를 피우고 커피를 마시고 술을 마시고 공기의 결을 하나하나 세며 다시 공기를 넓히고 오줌을 누러 이동하고 코를 풀고 세수를 하고 하수도로 빠져나가는 물소리를 들어보고 드물게 개 짖는 소리도 듣고 낮게 뜬 놀랍게 커다란 달을 바라보기도 하고 지나가는 사람들의 넥타이 색을 중얼거려보고 지나가는 사람들의 치마 색을 중얼거려보기도 하고 커피 잔에 앉은 파리를 잠깐 바라보다가 쫓아내기도 하며 그것을 기다리고 있었다. 그것은 쉽게 올 것 같지 않았지만 그래도 그는 구체적이지 않은 장소에 분명하게 앉아 계속 무언가를 하며 그것을 기다리고 있었다. 헬리콥터가 하늘을 날면 쳐다보기도 하면서 기다림의 전형이라는 것이 있다는 듯이. 하지만 그것은 언젠간 올 것이고 그렇기 때문에 그것이 오지 않는다고 해도 그는 아쉬울 것이 없고 그가 자리를 비운 사이에 혹 그것이 왔을

지도 모르겠다는 생각에 불안해하며 그래도 다른 계획은 없으니 기다릴 수밖에 없다고 생각하며 계속 기다리고 있었다. 그것이 오지 않아도 손해볼 것이 없다는 듯이 탁구공을 바라보듯 멍해져서 그는 그것을 기다리고 있었다. 문을 열었다. 오늘 나는 너는 나는 너는 움직이며 조금 움직이며 구름을 아니 새를 아니 구워지는 팬 위의 생선 비린내를 보았다. 뒤틀리며 떨어지는 과감한 이파리의 자살을 보았다. 그가 문지방을 넘으며 외쳤다. 오, 나의 제국이여. 오, 나의 피여. 오, 나의 살점이여. 오, 나의 영토여. 나는 그는 자리에 앉았다가 금방 함께 일어나서 비상 계단참으로 나가 담배를 피우며 옆으로 비끼는 능수버들과 은행나무 근처의 노랗고 하얀빛들의 한 면을 바라보고 있었다. 담배를 피우면서 책상 위에 적당히 식고 있을 커피를 그리워하며 그가 죽었고 죽은 그와 나란히 서서 오줌 누던 순간을 떠올려보고 다시는 그와 나란히 서서 오줌을 눌 수는 없겠구나, 생각하다가 그가 나에게 말하기 시작한다. 오, 제국이여. 오, 영역이여. 나는 영토라고 아까 말했다고 지적해주며 오, 제국이여, 영토여, 살육이여, 피바다여,라고 큰소리로 외친 후 그의 상상력의 빈곤을 마치 내 상상력의 빈곤인 것처럼 속으로 탓하다가 문득 담뱃재처럼 스러지는 그 또는 나 그러니까 빤한 그 또는 나를 쳐다보며 그가 문을 열 수 있는지, 아니 문에 손을 댈 수나 있는 것인지 생각했다. 그런데 안은 어디고 밖은 어디며 회전문에 갇힌 덤불해오라기의 전진과 불타오르던 짚으로 된 여인은 어디로 간 것이고 그림자와의 섹스는 어떻게 된 것인가. 이 집에는 문지방이 없고 그건 중요한 게 아니고 그는 문을 밀고 공기의 문 앞에 계속 선다. 문을 연다. 물소리 들린다. 여기가 거기인가. 여기는 여기였다. 그가 문을 열지 않고 없는 문지방을 지나 굳게 다문 소년의 입술 같은 문지방을 지나 발을 끌며 문을 잡으며 벽에 의지하며 다른 공간으로 옮겨 갔다. 나는 그의 소리를 듣고 그의 표정을 보고 그의 입가에 마른 허연 침을 보고 그의 탐식과 그의 분노와 그의 광기를 본다. 그는 불안한 그다.

나는 그를 피해 문을 열고 들어가 하얀 문을 열고 들어가 하나의 오류를, 오랜 하나의 오류를 마무리하기 위해 많은 의자 사이에, 걸릴 수도 있는 의자 사이에 앉는다. 앉다, 앉았다, 까마귀 날고 까마귀 날았고 까마귀 날 것이고 까마귀 선회하고 사람이 오르지 않던 곳에 모여 고인 물을 마시고 쉬던 까마귀들이 한 사람이 예외로 오르니 모두 달아나더라. 까마귀가 볼 때 맛없어 보이는 사람이란 있을 수 있다. 그가 신문을 탐욕스럽게 넘기는 것 같지만 그것은 탐욕이 아니라 집중의 자세다. 물이 흐른다. 방 안에 물이 가득 찬다. 종이가 뜨고 의자가 뜨고 책상이 뜬다. 나는 뜨지 않는다. 그는 잠시 사라진다. 사라지는 것이 당연하다는 듯이 그는 그렇게 사라져 침묵 중이다. 문을 연다. 벚꽃과 목련의 색은 다르다. 문을 열지 않았다. 오늘은 날씨가 좋고 침묵은 뭉게뭉게 피어오른다. 구름은 나를 기억할 것이다. 구름은 나를 기억하지 않을 것이다. 구름은 기억하지 않을 것이다. 구름은 기억하지 않는다. 문을 닫는다. 탁. 문을 열었다. 문을 열고 들어갔다. 들어가는 것은 전체다. 문을 열었다. 문을 열고 전체로 들어갔다. 문을 열고 들어가 보았다. 눈부신 해를. 눈부신 해가 벌처럼 잉잉거리는 것을 보았고 벌 하나가 그를 공격하여 그의 흡연을 방해하는 것을 보았고 그는 놀랐지만 담배를 떨어뜨리지는 않았고 다만 커피 잔 속에 담긴 커피를 전체로 출렁이게 했을 뿐이다. 봄이 한창인데 벚나무에선 잎이 나와 동생을 밀어내는 어떤 새 새끼처럼 벚꽃들을 아스팔트 쪽으로 밀어내며 바람 불면 손뼉 치고 발구르며 좋아하는 것이다. 다 떨어져라. 문을 열었다. 문득문득 멈추는 그는 문득문득 멈추는 까치 같았다. 까치 하나 플라타너스 잔가지를 물고 아파트에 흔한 콘크리트 구조물, 학원에서 돌아오는 길에 아이들이 미끄럼을 타기도 하고 농업을 차마 못 잊는 노인들이 고추나 호박을 말리기도 하는 빗변이 긴 삼각형 형태의 콘크리트 구조물 위에 앉는다. 앉아 검은 다른 까치를 응시하고 까치처럼 날아오른다. 동물들의 멍한 시선. 문을 열었다. 까치는 사라지고 그는, 모욕당한 그는 의자에 앉아 숭고를 논하고 그는 인사도 없이 문을 열고 나와 문을 기다렸다가 열린 문으로 내려가 문을 열고 나갔다. 봄은 한창이더라. 껌벅. 끔벅. 깜박. 아, 이것은 李生이 담 사이를 엿보는 것이다. 아, 이것은 한림학사들이 놀고 자빠진 풍경이다. 아, 이것은 찬밥 신세가 된 한량들의 작당 후의 모습이다. 결과는 없다. 문을 열고 오, 오, 오, 발음해보았다. 까치가 걸레 빤 물을 쪼아 먹고 있었다. 하늘 한 번씩 보아주면서. 문을 차고 들어갔다. 문을 열었다. 깜박거린다. 왼쪽으로 감긴 길을 만나 오른쪽으로 돌았다. 비가 내린다. 우산을 아스팔트 위에 던지다. 우산은 또 젖는다. 우산은 부러진다. 벚꽃 잎. 목련꽃 잎. 아스팔트와 붉은 보도를 덮다. 더웠다. 그가 번열이라고 말했다. 웬일인지 그날의 짜장면은 덜 짰다. 나무젓가락으로 짬뽕에 섞인 해물을 건져 먹으며 석류꽃 봉오리에 대하여 생각할 수는 없었다. 물 한 잔 잡수시겠습니까. 딸기 하나 잡수어보실래요. 기타 등등. 북한산에 간다. 북한산에 갈 것이다. 차축과 굴대는 어떻게 다른가. 은행나무 잎들은 은행나무 잎의 모양을 또렷이 드러내고 계수나무 잎들은 계수나무 잎들의 모양을 또렷이 드러내고 잣나무는 수평으로 잣나무가 흔들릴 때처럼 흔들린다. 직박구리는 어느덧 사라지고 대형 물새는 가끔 지나간다. 지나간다. 지나가버리는 것이다. 다 지나간다. 그가 말했다. 고기 먹을래요. 그는 그가 고기를 쇠 젓가락으로 집는 손을 본다. 손가락이 길다. 그는 오른쪽으로 고개를 돌려 그의 손가락을 본다. 손가락이 길다. 손가락이 닮았다. 나는 아니, 그는, 역시 나는, 문을 열고 나가 흔들리는 능수버들 너머를 보며 담배를 피운다. 문을 연다. 오른쪽으로 돌아 왼쪽으로 돌아 파란 문을 열고 담배는 재떨이에. 왼쪽으로 돌아 하얀 문을 열고 다시 왼쪽으로 돌아 하얀 문을 열고 불을 켜고 휴지는 휴지통에. 오른쪽으로 180도 돌아 걸어서 기어서 몸부림치며 눈물 흘리며 하얀 문을 밀고 들어가 변기를 잡고 토한다. 토하며 정액이 섞인 오줌을 몇 줄기 싸고 테이블야자와 관음죽의 표정을 본다. 보며 난향은 선적으로 퍼진다는데 그럼 그 선에 얹힌 나와 너는 어디로 가는가, 라는 생각을 하고 싶었다. 생은 쓸데없이 길어지고 있는 것이다. 어느 쪽으로 나가 돌았지? 나는 돈다. 나는 문을 열고 들어가 상 앞에 앉는다. 걸레를 쪽쪽 빨면서 뽀뽀나 한번 할까. 에메랄드 빛을 발하는 너. 물에 잠긴 걸레여. 실족한 사랑이여. 앵초를 피우세요. 앵초를 피우세요. 노란 앵초를. 노란 앵초를. 문을 닫는다. 잘못 열었다. 틱. 새가 운다. 새는 운다. 새가 우는가. 새는 울 수 있는 것이다. 빛이 스민다. 공복의 빛이 스민다. 풀밭에 앉아 풀밭에 누워 점심을 먹고 날들이 지나가고 또 날들이 지나가고 빛이 스민다. 빛이 사선으로 흐르고 빛이 스민다. 그는 문지방 위에 서 있다. 문은 사라졌고 문의 틀만 남았다. 그는 더 이상 생각할 것도 없다는 듯 방 안으로 들어간다. 방 안이라니, 그 방은 관념적인 방이므로 안팎이 없고 전후가 없고 상하와 좌우가 없다. 그는 문지방을 지나 방의 한가운데로 들어가지 못하고 벽 쪽으로 간다. 그는 벽을 등지고 서서 방의

중앙쯤을 바라본다. 그곳에 햇빛이 쌓이고 있다. 햇빛 속으로 먼지가 금가루 은가루처럼 떠돈다. 그는 그 먼지의 춤 쪽으로 향해 다가간다. 밤색과 검은색이 섞인 이상한 여자가 반대쪽 문에서 들어온다. 여자의 손에는 커피 잔이 들려 있다. 여자의 손은 둘이다. 셋이 아니다. 여자는 보이지 않는 의자에 앉더니 그를 의식하지 못하고 혼자 떠들기 시작한다. 그러다가 여자는 그가 서 있는 방향을 뚫어지게 바라보고 그늘! 그늘! 그늘! 그늘!이라고 소리친 후 연기처럼 사라진다. 그는 한편으론 좀 아쉬운 느낌이 들었지만 아무에게도 방해받고 싶지 않았기 때문에 여자가 사라진 것이 좋았다. 그는 중얼거렸다. 금작화를 본 적이 있는가. 금작화를 본 적이 있는가. 금작화를 본 적이 있는가. 달맞이꽃을 꺾어본 일이 있는가. 금작화를 본 일이 있는가. 눈을 비비며 공기를 씹으며 문을 닫아라. 문을 닫아라. 춥다. 찬 바람이 분다. 너는 춥지도 않냐. 문을 이제 그만 닫아라. 새들이 운다. 새들은 우는가. 새들이 운다. 새들이 울었고 그는 다시 문지방에 서서 방 안을 바라본다. 그림자들이 스치고 빛이 흐른다. 아무것도 없다. 벌레 하나가 기어간다. 새가 조용하다. 눈이 내리고 그가 벌벌 떨었다. 땔감을 좀 구해올게. 그는 돌아오지 않았고 그는 문지방에 서 있다. 금작화를 본 일이 있는가. 금작화를. 문을 열었다. 문을 닫았다. 눈이 쌓였다. 눈이 녹았다. 해가 있었다. 해가 졌다. 마른 잎이 흔들렸다. 커다란 그림자가 발목을 겨냥하는 수도 있다. 모든 사건은 흔한 사건이다. 문을 열고 종이 속으로 들어간다. 그가 눈물을 찔끔거리며 오줌을 지렸다. 부실한 자지라고 생각했다. 망신당한 자지라는 시를 썼다. 그가 침을 질질 흘리며 토한 것을 핥아 먹었다. 문을 세게 닫았다. 우울,이라고 고함질렀다. 다람쥐 두 마리가 측백나무 위로 오르다가 문득 소금기둥이 될 모녀처럼 뒤를 돌아보았다. 오오, 도토리, 하고 그는 사복처럼 울지 않았다. 흥, 치, 웃기고 있네, 등의 짧은 말을 과묵한 개처럼 짖어댔다. 그는 문 앞에서 문짝을 발로 걷어찬다. 문짝에 그려진 그림의 칠이 조금 떨어진다. 문짝 위의 그림은 우산을 쓴 남자가 아니다. 그는 우산을 부러뜨리고 고속도로변을 걷다가 고양이와 쥐가 사이좋게 으깨진 것을 보았다. 그런 것들을 그는 자주 보고 금방 잊는다. 그의 후각은 시각보다 더 근원적이다. 문을 열었다. 눈이 쏟아져 들어왔다. 아직 마르지 않은 시혼을 보았다. 어색하게 걷고 있었다. 잔디 깎는 로봇이 아침 인사를 했다. 그는 인사를 받지 않았다. 로봇은 지치지 않고 다만 녹슨다. 으깨진 쥐와 고양이가 이번에는 사이가 나빠져 서로 먹살을 잡고 선제공격을 궁리하는 눈치다. 그런 건 궁리하는 게 아닌데 멍청한 것들, 하고 지나갔다. 구름이 춤을 추고 있네요. 그는 모든 구경을 멈추고 다시 다른 문짝을 향해 걸어가거나 뛰어갔다. 상어는 바다코끼리로 배를 채우고 해안에서 멀어지고 있었고 머리 위의 까마귀는 휴식처를 찾기 위해 두리번거리다 교수 십자가 위에 내려앉아 깍, 깍, 깍, 한 후에 이미 죽은 자의 눈을 콕 찍어 꿀꺽 삼켰다. 그것은 매우 명징한 풍경이다. 마치 보지 속으로 들어가는 자지 같군,이라고 중얼거리고 그 문장을 그의 두번째 시의 첫 문장으로 써야지,라고 계획했다. 그 생각은 매우 그럴듯하게 처참한 생각이었다. 이야기가 너무 많아 이야기 때문에 죽어야겠어, 이야기는 사라져야 해, 이미지와 나란히, 나란히 멸종해야 해, 중얼거리다 새들도 머물 곳을 안다,라고 그가 말했다. 새들은 머물지 않고 영원히 정지하는 순간이다. 그가 생각했다. 다시 문이 나타났다. 노란 스쿠터를 타고 전속력으로 문을 향해 달리면 몇 가지 색이 섞여 고울 것이다. 작년의 매미가 돌아온다면 땀과 지연과 다른 지연과 문과 다른 문이 돌아온다면. 돌아오고 있네. 내일 모레 글피 계속 돌아오네. 정확한 반복은 없다. 아니 반복은 없다. 아니 정확함은 없다. 그는 속을 발견할 수 있을까. 아니 안을 발견할 수 있을까. 수없이 많은 껍데기로 이루어진 그 속을 그는 표면화시킬 수 있을까. 재현과 죽음과 미끄러짐 사이에서. 얼음판 위에서 그는 아픈 옆구리를 만져보며 좀더 근사하게 망할 수는 없단 말인가, 하다가 오오, 실패여, 실꾸리여, 섬망이여, 헛소리여, 하고 그만 쓴다. 문을 닫았다. 민망해진 손은 담배를 찾는다. 문을 연다. 그가 나간다. 그가 나간다. 그는 나간다. 그는 어둠 속에 앉아 있다. 그는 어둠 속에서 벌레들을 느낀다. 그는 어둠 속에서 벌레들을 느끼는 반복되는 벌레다. 벌레들은 빛을 받아 흔들린다. 흔들리는 벌레들. 그는 앉아서 담배를 피운다. 그는 서서 담배를 피운다. 무엇인가 추락한다. 심장처럼. 심장은 두 번 흔들리다 멈춘다. 개가 가구 뒤에서 튀어나와 심장을 물고 사라진다. 슬프다. 한산하다. 담배를 피우고 커피를 마셨다. 그는 어떤 방에서 담배를 피우고 커피를 마신 후 문을 열고 다른 방으로, 문지방을 지나갈 것이다. 문지방이 깨졌다. 그는 앉아 있으면서 어쩌면 자신이 폭발할 수 있는 폭탄 같은 것일지도 모른다는 생각을 했다. 그는 쉽게 폭발하고 쉽게 본래가 된다. 본래가 되어 곧 사라진다. 본래는 없다. 앉아서 벌레를 느끼며 달빛과 닮은 가등을 느끼며 새들은 모두 잠들고 아, 새들은 모두 잠들고 아, 새들은 모두 잠들고, 어디까지 했지, 새들은 아, 모두 아 잠들고, 아, 새들, 잠, 새, 아, 새들은 모두 잠들고, 가로등이라고 쓰지 않고 가등이라고 쓴 것의 불빛을 느끼고 느끼며 죽을 날이 멀지 않았지, 중얼거리며 밥통이 열렸다 닫히고 아, 새들이, 매미들이, 울고, 짖고, 밥상이 끌리고, 앉아서 저 문을 열고 나가면 한 시공이 있고, 그는 그 시공을 변형시키겠지, 무언가의 등장이 필요해. 짚으로 된 성숙한 여자 따위. 잘 타고 쉽게 사라질. 잘 타고 쉽게 사라질. 내 목을 부드럽게 비틀. 공기의 문을 열고 공기의 문 앞에 선다. 별이 없는 겨울밤, 새 떼는 북쪽으로 이동했다. 발바닥에 아무 감촉도 없다. 어디선가 이명 같은 가늘고 꾸준한 소음이 들린다. 눈을 감으면 문은 끝없는 문을 보여준다. 사방이 위 아래가 다 문이다. 나는 침착을 가장하고 문 속으로 들어가 다시 문 앞에 선다. 눈부신 흰빛이 가득하다. 문을 더듬어본다. 어떤 감촉도 없다. 문은 곧 사라졌다가 문득 다시 나타난다. 눈을 뜨면 책상 앞이다. 눈을 뜨나 감으나 이젠 똑같다. 코뿔소 하나 지나간다.

코끼리 떼 이동한다. 좌절한다. 좌절을 좌절로 받아들이고 싶은 순간 다른 상황이 펼쳐진다. 노란 촛불이 나타난다. 촛불을 지나면 쌀독이 있고 쌀독을 지나면 당집이 있고 당집을 지나면 느티나무가 있고 느티나무를 지나면 절벽인데 절벽을 지나도 또 문지방이 있고 문이 있다. 나는 문 하나를 열고 들어가 마루 위에 선다. 허탈하여 나는 관객 없는 광대가 되어 온갖 몸짓을 해보고 아니꼬운 웃음도 지어본다. 엉엉 울었다가 깔깔 웃는다. 다시 멍청해지고 또 문이 나타난다. 무언가 툭 떨어지는 기척이 느껴진다. 잠시 노란 촛불이 눈부신 하얀빛을 온갖 색으로 바꾼다. 나는 황홀한 빛 속에 있다. 조금 더 용기가 있었다면 나는 그 하얀빛에게 삼켜졌을 것이다. 물소가 논에 있고 청둥오리가 강에 있다. 누군가 나타나 나를 이끈다. 속수무책으로 나는 그를 따라간다. 처음엔 사람이었다가 나중엔 사람이 아니다. 그것은 나를 앞서서 끝없이 늘어선 문들을 지나간다. 나는 벙어리가 되어 그것을 따라간다. 촛불이 꺼지고 이번엔 완벽한 어둠이다. 어둠이 오히려 다루기 쉽다. 나는 모든 것의 초보자가 되기로 결심한다. 다시 책상 앞이다. 여기저기 흩어진 종이가 있고 종이 위는 글자와 지운 흔적과 혼란스러운 표시로 가득하다. 종이는 커피 쏟아진 흔적으로 더욱 더럽혀져 있다. 커피 자국은 곧 혈흔으로 변한다. 혈흔은 검다. 공기의 문을 열고 공기의 문 앞에 선다. 문을 연다. 문을 열고 들어간다. 방 안에, 방 안에 비가, 비가, 비가 내린다. 내렸다. 내리고 있다. 비가, 나는, 너는, 우리는 내려간다. 비가, 언덕을 울면서, 울지 않으면서, 보면서, 내려간다. 내려갔다. 무엇을. 비를. 비가, 비가, 비가, 비가 흘러내린다. 내린다. 비가 바닥에 떨어져 고인다. 비가, 그리고 먼지가, 쌓인다. 쌓인다. 그가, 네가, 내가, 우리가, 울고 있다. 울고 있다. 있다. 비가, 내리는 비를 바라보면서 내리는 비를 맞으며 울고 있다. 비가. 바람이 분다. 바람이 불어 문을 열고 닫기가 쉽지 않다. 문을 연다. 비가. 베고니아가 시들고 있다. 베고니아가 시들고 있다. 베고니아. 베고니아를 보았다. 그의 시를 모두 읽지 않았다. 그의 시를 모두 읽었다. 문을 열었다. 문을 바라보지 않았다. 문을 열었다. 공허다. 공허 속에 있었다. 비가. 목을 돌린다. 무언가 목을 매달고 죽었다. 무언가 떨어진다. 영원한 실패. 비가. 무한한 실패. 비가. 내리는 비를 바라보며 울었다. 문을 열었다. 비가. 어떤 형체가 영원히 형성 중에 있다. 그것은 죽음을 그리고 있지만 보통 아무것도 나타내지 않는다. 문을 열고 들어간다. 나는 속초에 가고 싶다고 말했다. 그는 속초는 없다고 말했다. 속초는 없다. 문을 닫았다. 문을 열었다. 비가 내렸다. 바람이 불었다. 비가. 이런 시를 썼다. 비가 왔다. 비가 왔지. 비가 왔다. 비는 오지. 이렇게, 그리고 저렇게. 대충 비를 넘어가는 비가 왔지. 비는 내리지. 계속 내리지. 비리게, 비리게, 내리지. 내려, 적시지. 비는 비를 잘 적시지. 자꾸 적셔 젖지. 그렇게 내리지. 비는 내렸지. 사이사이 매미가 울지. 울어도 울어도 지치지 않을 매미가 울지. 비가 왔다. 비가 왔다. 비가 왔다. 비가 왔다. 오른쪽에서부터 왼쪽으로 왔다. 향나무 적시고 무궁화 적시고 명자나무 적시고 수수꽃다리 적시고 단풍나무 적시고 잣나무 적시고 은행나무 적시고 감나무 적시고 능수버들 적시고 가죽나무 적시고 층층나무 적시고 말채나무 적시고 버즘나무 적시고 후박나무 적시고 대추나무 적시고 벚나무 적시고 적시고 적시고 소주 위로 담배 위로 검은 비 떨어져 맛있고 쪼그려 앉아 호수를 바라보는 죽은 시인의 눈의 길 위로도 비가 내리고 대안의 구름 발꿈치에도 내려 적시고 적시고 적시고 적셔다 쓸려가고 다시 내리고 비가 왔다. 비는 와서 너의 웃음처럼 와서 너의 젖은 입술처럼 와서 꿈처럼 사라지더라. 비가 왔다. 다시. 문을 열었다. 문을 닫았다. 문을 열고, 아, 문을 열고 들어가, 나가, 문을 열고, 문을 열고, 손에서 떨어진 피, 손에서 떨어진 피, 문을 열고, 실내로, 실내로, 그윽한 시간, 그윽한 시간, 명멸, 명멸, 피는 손에서 떨어지고, 피는 손에서 떨어지고, 피는 손에서 떨어지고 있다. 있다. 얼음처럼 차가운 것. 얼음. 얼음처럼 차가운 것. 얼음. 없다. 까치의 눈. 참새 사냥에 실패한 고양이. 손에서 떨어지는 피. 손에서 떨어지는 피. 문을 열고 나가는 손에서 떨어지는 피. 문을 열고 들어오는 손에서 떨어지는 피. 지나가고 있다. 지나가고 있다. 초인종 울리고, 좁은 마루에 눕다. 초인종 울리고, 좁은 마루에 눕다. 검은 옷의 사내들이 입장한다. 나는 구경한다. 내가 사라지는 것을 본다. 찬 바람이 불고, 인적 없고, 젖은 신문지 구석에 있고, 손에서 떨어진 피. 문을 열고, 아아, 사라진다. 이런 시를 썼다. 그것은 옮겨지고 있고 단절되어 있으며 차단이고 소리를 가지고 있고 움직이는 트럭의 뒷모습이며 밝은 낮이고 낮 위의 밥통이고 나무판 위에 떨어지는 다른 나무판이며 육중하게 다가오고 있는 언덕 위의 거대한 검은 쇳덩어리이며 숨은 벅차고 무기는 없고 조금씩 기어가고 녹슨 칼이며 녹슨 기차이며 기차를 서서히 덮는 수풀의 지절거림이고 질문이자 대답이며 의미를 상실한 의미이며 찢겨 있고 양처럼 왜 온순한 이를 자주 닦기로 했고 이가 아프니까 상추와 깻잎과 고추와 참치와 고추장과 멸치와 기름 찍어 먹는 추석의 전설적인 잠두봉의 송이이고 끝을 모르니 시작도 모르고 노동을 싫어하고 폭포의 거품이자 폭포의 날개와 옷이며 화려하지 않지만 가끔 두려움을 주고 젖꼭지를 모으는 취미를 가지고 있으며 쓸데없이 유리창과 이마와 입김과 발바닥과 땀과 정액과 눈물의 사이 어딘가에 있었고 계속 떨리고 걸을 수 있고 뛸 수 있고 그렇지 않고 그렇고 이 사이에 낀 밥알을 제거해야 해 그래그래 그렇지 그렇지 않아 그런데 아니야 그래 흔들리는 고통이야 주민등록증을 버릴 용기도 없는 상추 밭에 똥 싼 개 성장에 회의를 느끼고 있고 누구처럼 노래방의 빛나는 탬버린이고 결국 끝까지 가는 시늉을 할 것이며 아 그래 가짜고 마침내 목련 가지 위의 겨울 까치와 친할 것이다. 그래, 그것은 옮겨지고 있고 차단되어 있으며 가끔 자신감에 넘쳐 발광하는 돌멩이다. 그래, 자살은 포기했다. 그것은. 다시. 문을 열고 문을 닫고 문을 열고 들어간다. 앵초를 피우세요, 노란 앵초를. 비어 있다. 바람이 불고 벚나무가 흔들린다.

그림자 하나가 있다. 그와 닮았다. 그림자 위에는 먼지가 쌓여 있다. 이 있음을 그는 다루지 못한다. 조금 기다린다. 그림자가 흔들리다 만다. 그뿐이다. 독특한 그림자를 생산하려면 인내와 여유와 방심과 예민함이 필요하다. 그는 우울하고 무료하다. 노동하지 않는 대가다. 심심해진 그는 그림자를 세워볼 생각을 한다. 그런 일이 생각만으로 가능한지 의심하면서, 그는 그림자에게 다가간다. 공포에 떠는 것처럼 그림자는 흔들린다. 그가 이곳에 그림자를 가져다놓은 것은 아니다. 바람인가 벚나무인가. 그가 그림자에 한 발 다가서도 그림자는 뒤로 물러서지 않는다. 다시 벚나무가 몸을 흔든다. 벚나무 아래의 시체라는 이미지는 봄의 낮잠을 연상케 한다. 그뿐이다. 그림자를 잊고 있었는데 갑자기 그림자가 움직이기 시작하더니 벌떡 일어선다. 그는 그 순간을 기다리는 그였음에도 살짝 놀란 건 사실이다. 그림자와 그는 동시에 서로를 향해 움직인다. 그림자가 검은 그림자로 된 칼을 뽑아 그의 배를 찌른다. 이상하게도 잠깐 열기를 느겼을 뿐 아무런 통증을 느끼지 못하는 그는 그렇다면 어디 피는 흐르는지 바닥을 보니 검은 그림자가 흐르고 있었다. 그는 그림자를 껴안는 것이 자신을 방어하는 가장 좋은 방법이라고 믿고 그림자를 껴안았다. 그림자는 그림자답지 않게 그에게 와서 안겼고 그는 그림자의 신선한 피부를 느낄 수 있었다. 그림자는 자세를 바꾸어 그림자의 일부를 그의 몸에 삽입했다. 그는 둔중한 통증과 예상치 못했던 특별할 것 없는 쾌감을 느꼈는데 무언가 이렇게 말로 할 수 없는 몸짓보다는 신사적으로 차나 마시면서 대화를 나누는 게 바람직하지 않을까 생각했으나 그림자는 계속 그의 몸을 파고들더니 몸 구석구석을 다 들쑤셔놓고 그의 몸을 빠져나가 다시 그의 앞에 기립한다. 그는 이런 움직임이 마음에 들지 않아 화면을 다시 돌리고 싶었으나 모든 것이 가능한 그의 세계에서도 이번만은 그의 뜻대로 할 수 없었다. 왜냐하면 그가 그것을 원하지 않았기 때문인데 이유는 없었다. 그는 다시 바닥에 종이처럼 깔린 그림자를 보며 생각했다. 이것은 짚으로 된 여자보다 더 애매하다. 짚으로 된 여자보다 더 모호하다. 그는 문을 열고 다시 문 앞에 선다. 이번엔 좀 망설인다. 없는 문으로 들어간다. 문은 미로다. 벤치와 너구리 세 마리와 개미핥기 세 마리와 많은 개미와 풀 죽은 질경이와 빈 벤치 하나 둘 셋 넷 다섯 여섯 일곱과 잎이 동그랗게 귀여운 어린 계수나무와 잎이 날카롭지 않아 예쁜 중국단풍과 튤립나무와 구불구불 이어지는 길과 구르는 뜨거운 모래의 밭을 지나 오른쪽으로 이동하여 아직 작은 느릅나무에 편들고 싶은 마음을 버리고 겨우 돌 지난 사람 둘을 안고 있는 늙은 사람 둘을 지나 해 뜨는 쪽으로 걸었다. 커피와 담배와 문지방 하나를 지나 쓰러진 휴지통과 라벨의 죽은 왕녀를 위한 파반느와 냉장고 밑의 먼지와 그의 사진과 지는 해와 잘라서 종이로 싼 머리카락과 부러진 반지와 옛 여권과 조용한 대낮과 문득 그가 내뱉는 말과 미로는 문, 미로는 문, 미로는 문, 미로문, 미로문, 하면서 물 위를 뛰어가는 옛날의 아이와. 앉는다. 조용하다. 차양을 걷지 않았다. 글자들이 조용히 번진다. 옆집의 피아노 소리. 마당의 까치 소리. 소리 속으로 들어가지 못한다. 거리를 바라보고 있었다. 겨울이었다. 그가 손짓했다. 그가 별명으로 불렀다. 글자들이 채워지고 있었다. 커피를 한 모금 마신다. 혓바늘이 돋았다. 그녀의 벗은 등을 보았다. 입술을 혀로 적신다. 밥 되는 소리 들린다. 지난 세월이 전설 같다. 옷을 벗는다. 그는 사라지고 없다. 고양이는 가게 앞에서 나날이 살쪄간다. 사물들은 싱거워지고 있었고 사건은 없었다. 그가 나타나서 물고기 두 마리를 책상 위에 놓았다. 난처했지만 우리는 물고기를 안주로 독주를 마셨다. 그가 다시 사라졌다. 계속 앉아 있다. 유리 밖의 걸인이 그를 보고 웃었다. 그는 웃지 않았다. 무언가를 호명하고 싶었으나 부를 이름이 없었다. 매우 자연스러웠다. 너를 회로 먹으면 어떨까. 겨울에. 그에게는 발이 없고 땅이 없고 풍경이 없었다. 오로지 어지럽게 보류된 치욕 속에서 쥐처럼 행복할 뿐. 햇빛은 매일 친절하게 그의 윤곽을 보여주고 있었다. 그는 햇빛을 혀로 핥을 수 있겠다고 생각했다. 눈이 녹고 또 봄이 오고 있었다. 그가 걷는다. 발 디딜 곳이 없다. 땅이 사라진다. 허공을 아지랑이처럼 흔들리며 걷는다. 그는 지금 자리를 비우고 있다. 그의 자리는 책상 앞이다. 지난해에는 책상 유리 위에 성에가 고드름처럼 자랐다. 그가 걷는다. 그는 멀리서 왔다. 어릿광대 차림으로 그는 이 나라에 왔다. 그는 고양이 한 마리를 키울 생각을 했었다. 고양이를 사전처럼 놓아두고 무한을 구분하고 싶었다. 불가능을 삭제하고 싶었다. 땅이 사라진 자리에 파도가 치고 있었다. 물방울들이 여러 형상을 만들며 움직였다. 멀리 수평선 너머로 붉은 해가 지고 있었다. 그는 그 해에게 좀더 가까이 다가가려 했다. 해는 점점 더 멀어질 뿐이었다. 사람들이 갑자기 그의 죽음을 얘기하기 시작했다. 하지만 그는 성에가 고드름처럼 자란 책상 앞으로 이동했을 뿐이다. 성에 녹은 물이 흥건히 고였다. 물에다 혀를 대보았다. 눈물의 맛이 났다. 그는 그 눈물로 무엇인가를 쓸 수 있을 것이라고 생각했다. 아무것도 쓸 수 없었다. 눈물은 말라가더니 곧 증발해버렸다. 발 디딜 곳이 없었다. 책상은 쉽게 사라졌다. 창문도 없어지고 벚나무도 대추나무도 편백나무도 감나무도 사라지고 까치도 비둘기도 참새도 고양이도 사라졌다. 그는 사막에 있다. 사막에서 끝없이 펼쳐진 모래언덕을 바라보았다. 저 모래알만큼 많은 시들이 있을 것이라고 생각했다. 바닥 없는 공간 위에 서 있는 그는 바닥이 없다면 아무것도 쓸 수 없을 것이라고 생각했다. 모든 것이 사라지는 속도로 무한한 것들이 다시 자리를 가득 채우고 있었고 그것은 거대했다. 그는 자야겠다고 생각했다. 잠이 이 모든 것의 양상을 바꿀 것이다. 문을 연다. 바닥을 본다. 바닥이 움직인다. 움직이는 바닥에 발을 디딘다. 공간의 소음이 미끄러지고 있다. 소음을 종이에 가둔다. 솟다. 종이 울린다. 겨울 종. 수직으로 치솟던 시들이 있었다. 풍란은 기운다. 풍란은 기울다 죽었다. 구배라는 낱말을 따라가다 죽은 셈이다. 말이 안 되었다. 속이 쓰린다. 이마에 손을 얹은 새벽 세 시. 형상의 구축이라고 술 마시고 쓴 메모가 보인다. 바닥을 흔든다. 바닥이 부풀어 오른다. 문을 닫고 다른 문을 연다. 하얀 옷의 여자들이 소음을 내며 지나간다. 정오다. 다시 새벽이다. 피곤하다. 얇은 폭포를 지나왔다. 이 방에서 저 방으로 갔다. 문지방이란 말을 너는 사랑했다. 그랬군. 그가 칫솔을 떨어뜨리고 몸을 숙이고 어깨를 들었다 내렸다. 위스키 두 병이 빈 병이 되었다. 정오였다. 자정이었다. 다시 새벽이었다. 그는 아무거나 할 수 있다고 생각하고 아무것도 안 하고 죽었다. 흔한 일이다. 문을 열고 들어간다. 문이 없다. 비어 있다. 통로다. 그늘이다. 그늘을 지나간다. 이끼가 자란다. 습하다. 수직으로 치솟던 시들의 시절은 갔다. 문을 열고 소리친다. 바위에 누운 나체를 바라보았다. 바위의 문을 열고 들어가 문을 닫는다. 갇혔다. 문을 열고 그를 맞이한다. 문을 닫는다. 문이 아쉽다. 실패다. 문을 열고 들어가 다시 갇힌다. 문을 본다. 실패한 문들. 문을 열고 보았다. 문을 열고 자세히 물끄러미 보았다. 머리를 만지며 보았다. 문을 열고 보았다. 앵무새라는 시를 썼다. 이거다. 없던 앵무새가 횡단보도 옆 버즘나무로 날아든다. 커다란 부리로 커다란 손바닥 모양의 이파리를 툭툭 쳐보고 건드려보고 부러뜨려보다가 이파리를 부리에 물어 생각난 듯이 신호가 바뀌기를 기다리며 여중생의 뒷모습을 텅 빈 눈빛으로 바라보고 있는 중년 남성의 머리를 겨냥하여 떨어뜨린다. 남성은 머리를 들어 앵무새를 바라본다. 앵무새는 천천히 다른 나뭇가지로 이동하며 하얀 페인트 같은 형광 물질이 섞인 듯한 똥을 이파리처럼 다시 떨어뜨린다. 이번엔 남성의 검고 반짝이는 구두에 흰 똥은 떨어진다. 남성은 앵무새가 날 수 있는 동물이라는 것은 알 바 아니라는 듯 사람도 버즘나무를 오를 수 있다는 것을 보여주겠다는 듯 버즘나무를 기어오르기 시작한다. 앵무새는 아무 이유 없이 까마귀의 울음소리를 흉내 내더니 얼마나 그가 잘 오르는지 보겠다는 듯한 자세로 물끄러미 남성의 오르는 붉은 얼굴을 보고 있는데 신호등의 색이 바뀌자 남성은 자신의 할 일은 여기서 끝이라는 듯한 체념하여 망각한 표정으로 나무에서 내려와 횡단보도를 횡단하고 있는 여중생의 뒤를 쫓아갔다. 앵무새는 별 싱거운 놈 다 보겠네, 라는 듯이 한 번 더 흰 똥을 떨어뜨리고 새롭게 모여들어 정체 중인 인간들의 시선을 사로잡았다. 사람들의 시선을 느낀 앵무새는 우아한 동작의 전형이 있다면 이런 것이리라, 라는 몸짓으로 다른 나뭇가지 위로 이동했다. 앵무새는 보이지 않는 새장 속에 갇힌 다른 앵무새이거나 또 다른 앵무새이거나 아래를 내려다보는 까마귀이거나 없는 앵무새라는 것을 알고 있던 그는 저 버릇없는 앵무새를 화면에서 삭제해야겠다고 생각했지만 하얀 앵무새의 잔상은 예상보다 진했다. 앵무새는 계속 그곳에 있었고 그는 지연을 앵무새처럼 반복할 뿐이었다. 앵무새는 앵무새. 앵무새. 앵무새. 앵무새는 앵무새. 앵무새. 앵무새. 앵무새는 앵무새. 앵무새. 앵무새. 앵무새. 앵무새는 앵무새. 앵무새. 앵무새. 앵무새. 나도 가고 싶어요, 앵무새. 나도 몬테비데오에 갈 거예요, 앵무새. 나는 그 사람들이 싫어요 앵무새. 키토에 갈 거예요, 앵무새.

앵무새. 앵무새. 앵무새. 날 버리지 마요. 앵무새. 앵무새. 앵무새. 앵무새. 앵. 무. 새. 앵. 무. 새. 앵무새, 하고 있는데, 앵무새. 그가, 문을 열고 보던 그가, 문을 닫고 다시 문을 열고 들어간다. 아침을 먹어라. 시를 위한 아침을 먹어라. 시를 위한 밥을 먹어라. 문을 열고 들어가 식탁, 아니 밥상에 앉는다. 시 한 젓가락. 시 두 젓가락. 시 세 젓가락. 문을 닫고 시 네 젓가락. 문을 닫고 시 다섯 젓가락. 문을 열고 보았다. 문을 열고 들어간다. 문을 열고 보았고 문을 열고 들어갔고 문을 긁으며 아아, 문을 열고 지겹고 우스운 문을 열고 나가 문방구로 가야 해. 문을 열고 계란과 김치와 밥을 먹고 앵무새의 목을 비틀고 앵무새의 깃털을 두 손으로 다 뽑고 지겨운 문을 향해 걸어갔다. 문을 연다. 걷고 있었다. 아무 데를 보았다. 비가 내렸다. 곧 눈이 내렸다. 얼룩,이라는 것을 썼다. 전단이 바람에 날려 귀퉁이를 찾아다니며 뭉치고 있었다. 눈처럼 빗물처럼 먼지처럼 소리처럼 얼룩처럼 뭉쳐도 잊혀지고 흩어져도 잊혀졌다. 모든 과거의 형태가 싫었다. 그는 싫어를 실여라고 발음했다. 그에겐 지울 수 없는 얼룩 같은 기억이 있었다. 누구라도 그러하듯이 그는 영원한 층계를 올라가기 시작했다. 내려올 수는 없게 된 층계였다. 그가 국립의료원 회화나무 아래서 오줌을 누며 그를 생각할 때 그는 더 이상 그를 생각하지 않았다. 그는 모든 과거가 지워지지 않는 얼룩처럼 싫었다. 그의 근육은 점점 사라져갔다. 나는 그의 종아리를 만져본다. 그가 내게 올라타 사타구니를 내 허벅지에 비벼대고 있었다. 얼룩이었고 얼룩이었다. 얼룩은 얼룩일 뿐 다른 무엇으로도 자리 잡지 않았다. 얼룩엔 얼룩의 우주가 엄연히 존재한다는 듯이 그렇게. 그가 또 언덕을 내려가고 있었다. 내려가며 많은 얼룩을 보았다. 그가 말했다. 얼룩, 얼룩, 얼룩. 파란 얼룩, 빨간 얼룩, 찢어진 얼룩. 얼룩이 도대체 왜,라고 그가 물었다. 그는 무시했다. 왜냐하면 물음의 형식에 그의 물음은 늘 미달하고 있었고 그런 형식이 있을 수 있는지 그도, 그도 몰랐기 때문이었고 그것은 이유가 아니었고 그저 형식적인 최종심 같은 것이었기 때문이다. 모든 판단은 즉시, 아무렇게나 결정되었다. 마치 그곳에서 그들이 그렇게 그랬듯이. 그는 생각하기를 멈추고 생각했다. 얼룩의 그 속에 이르려면 어떤 얼룩을 딛고 서서 어떤 얼룩으로 들어가야 할까. 들어간다는 것은 나오는 것일까 멈추는 것일까. 아니면 그저 들어가는 것일까. 그것도 아니면 얼룩의 그 안에 말 그대로 그저 있는 것일까. 그것도 아니라면 아무것도 아닌 그저 얼룩의 동어반복, 얼룩의 무한한 확산, 얼룩의 섬망, 얼룩의 헛소리, 얼룩의 번열, 얼룩의 모호, 얼룩의 입추, 얼룩의 방파제, 얼룩의 거품, 얼룩의 황사, 얼룩의 소나기, 얼룩의 살수, 얼룩의 바다, 얼룩의 별똥일 뿐인가. 별똥, 별똥, 별똥. 얼룩, 얼룩, 얼룩. 그가 다시 언덕을 내려가며 본 것은 그런데 무엇인가. 그의 손은 왜 식전부터 떨리는가. 이 플라스틱은 어디서 온 것인가. 그는 모든 과거를 불신한다. 그는 이미 얼룩을 내려가고 있었다. 그는 얼룩에게 말하며 얼룩을 밟고 얼룩을 삼키며 내려가고 있었다. 더 이상 올라갈 수 없다면 그러나 내려갈 수도 없다면 제자리에서 올라가고 내려가는 것을 반복하거나 이 모든 상황을 파국으로 끌고 가거나 침묵하는 것인데 당연히 이곳에서의 침묵은 금지되어 있었다. 어디까지 했지? 이 물음은 어디에 있는 것이지? 아무 데는 어디지? 얼룩을 동반한 언덕을 내려가던 그는 얼룩 안에 있었다. 얼룩을 조감하고 있었고 얼룩을 창조했으며 얼룩을 부렸다. 그가 곧 얼룩이었다. 하지만 영원히 얼룩이 되고 싶었고 결코 얼룩에 이르지 못할 것이라고 생각했고 그러나 그가 곧 얼룩일 뿐이었다. 만사가 그렇듯이 그는 얼룩 언덕을 내려가며 풀빵을 사 먹을까 어묵을 사 먹을까 따뜻한 청주를 마실까 다시 형이상학이란 이상한 단어에 대해 얼룩을 가지고 얼룩이 되어 잠시 생각해볼까 따위를 생각하지 않고 그저 언덕 위를 구르는 핫도그처럼 그 핫도그가 남기는 얼룩처럼 남아 있을 뿐이었다. 그는 간단히 말하면 아무렇지도 않았다. 그러는 사이 그는 계속 질경질경 질기고 맛없는 고기를 씹듯이 얼룩을 밟고 얼룩의 손을 잡고 얼룩을 향해 내려가고 있었다. 그러니까 질경질경 내려가고 있었다. 그래, 예술적으로, 또는 문학적으로, 어찌 말하면 조금 세련되게, 질경질경 질경질경 얼룩 언덕을 내려가던 그는 문득 무언가를 잊었다는 듯이 그야말로 우두커니 서서 해풍이 얼굴에 불어닥치는 것을 온통 느끼고 있었다. 그는 바다의 냄새를 느끼면서 다시 얼룩, 하고 발음해보았다. 입 안은 짠맛으로 가득했다. 바다의 얼룩, 이라고 발음한 후 이 바다의 얼룩이란 말을 그가 들었을까, 그가 이 바다의 얼룩이란 말을 들었다면 나는 지금 이곳에서 한 점 얼룩이 될 수도 있을 텐데, 라고 중얼거렸다. 그 얼룩은 얼룩 같은 생각을 하는 얼룩일 뿐이었다. 얼룩은 계속 얼룩 언덕을 내려가며 세계의 모든 도서관 서가에서 한꺼번에 쏟아진 책들의 얼룩처럼 얼룩의 앞을 걸어가는 얼룩들을 보았다. 자세히 보니 그 얼룩들은 서로 죽이고 있었고 동시에 서로 핥고 있었고 서로 젖을 먹이고 있었고 서로 베끼고 있었다. 무한으로 확산하고 무한으로 수축하였다. 얼룩은 얼룩을 자세히 볼 수 없었다. 그는 모든 과거가 싫었다. 왜냐하면 그는 얼룩이었으니까. 얼룩은, 얼룩은 계속, 얼룩은 계속, 얼룩은 계속, 얼룩은 계속, 얼룩은 계속, 얼룩은 계속, 끓어 읽으며 얼룩 언덕을 내려가는데 튤립나무 가로수 길을 젊은 남녀가 마치 한몸이 된 듯이 붙어 그의 앞을 걸어가고 있었다. 그의 가슴은 갈기갈기 찢어져 얼룩이 되었다. 태양은 구름 뒤로 숨고 갑자기 비가 쏟아졌다. 국립의료원 구석의 스칸디나비안 클럽 옆의 회화나무 아래서 오줌을 누며 눈물을 흘리며 과거를 잊고자 했던 그는 튤립나무 가로수 길을 걷던 남녀 때문에 잊을 수 있다고 믿었던 모든 얼룩들이 한꺼번에 온갖 형상을 구축하는 것을 그의 얼룩 같은 두 눈으로 또다시 보았다. 그러나 비는 계속 쏟아졌고 얼룩들은 해변의 모래밭에 형성된 모래여자처럼 곧 흔적도 없이 사라졌다. 그러나 어떤 얼룩은 얼룩 그 자체처럼 언제나 남기 마련이어서 그는 더 이상 지속할 수도 견딜 수도 없을 것이라는 생각을 얼룩 속에서 얼룩을 딛고 얼룩을 바라보며 했다.

그는 걸음을 빨리하여 집으로 향했고 마침내 집 앞에 도착했고 드디어 문을 열고 들어가 아무도 없는 집의 문을 열고 들어가 책상 앞에 앉았다. 책상 위에는 실패의 구축이라는 좌우명이 유리 밑에 깔려 있었다. 생각과 세월의 얼룩. 물고기 같은 개나리 같은 민들레 같은 토끼풀 같고 질경이 같으며 모과나무 같기도 하고 모란 또는 목단 같기도 한 세월의 얼룩으로서의 좌우명. 언제나 무시할 수 있는 좌우명이 역시 무시할 수 있는 서체로 눌려 있었다. 그는 책상 앞에 앉아 하얀 종이 위에 검은 펜으로 썼다. 얼룩. 그리고 엉덩이. 엉덩이. 그리고 얼룩. 얼룩 엉덩이 엉덩이 얼룩. 그리고 털. 그리고 조금 벌어진 젖은 구멍. 조금 벌어진 거대한 검은 우주. 은행나무. 향나무. 수령 800년. 수령 1,200년. 1,000년을 넘긴 등나무. 얼룩. 얼룩말의 둔부. 얼룩말의 허벅지. 얼룩말의 뒷발에 차이는 젊은 사자. 젊은 사자의 상처에 꼬이는 파리 떼. 파리가 꼬이는 젊은 사자의 상처에서 풍기는 부패의 향을 맡은 하이에나 척후의 움직임. 간헐적이고도 지속적인 추적. 숲 속의 늪에서 물을 핥고 쓰러진 갑자기 늙은 사자. 갑자기 늙은 사자의 쓰러짐을 확인한 척후 하이에나의 감미로운 웃음소리. 이어지는 무리의 이동. 갑자기 늙은 사자의 마지막 몸짓. 몰려드는 하이에나 주변을 떠도는 파리들. 수령 300년. 빵나무. 이렇게 쓰고 그는 벌떡 일어나 자신이 쓴 것을 4초 동안 바라보고 종이를 집어 구긴다. 다시 앉는다. 이번엔 얼룩과 언덕 그리고 커다란 엉덩이, 라고 쓴다. 백묵으로 어두운 골목에 혁명, 이라고 쓰듯이. 그는 얼룩과 커다란 엉덩이와 언덕을 5초 동안 바라본 후 천천히 일어나 문을 열고 밖으로 나가 다시 얼룩 덩어리 언덕을 향해 간다. 이번에도 급히 올라 느리게 내려갈 것이다. 내려가며 이번엔 다른 걸 볼 수 있기를 그는 어리석게도 바랄 것이다. 가령 잘 맞지 않는 구멍가게의 오래된 문짝 같은 것을 그는 보려 할 것이다. 그것이 아니라면 그는 이미 사라진 시멘트로 된 쓰레기통을 보려 할 것이고. 노변으로 궁둥이를 내민 변소의 철제 똥구멍, 초록 페인트가 칠해진 그 철똥구멍을 보려고 할 것이다. 그럴 것이다. 얼룩 위에 얼룩을 더하며 얼룩이 되어 얼룩 언덕을 내려가며 끝내 얼룩덜룩얼룩덜룩얼룩덜룩얼룩덜룩 짖으며 언덕을 내려가고 있었다. 까마귀가 죽은 나무 위에 앉아 그를 보지 않고 허공을 보며 짖었다. 짖는 까마귀의 짖음을 들으며 그는 느리게 언덕을 내려갔다. 내려간 언덕은 늘 권태 그 자체였다. 권태에 어떤 형상을 줄 수 있는지 그는 알 수 없었지만 그냥 그렇게 말하는 것도 눈과 귀에 거슬리지 않다고 생각했다. 그것이 생각인지 아닌지 그는 판단할 수 없었다. 언덕을 내려가는데 어떤 집의 창문이 열려 있는 것을 보았다. 그는, 얼룩인 그는 창가로 다가갔다. 한 여인이 공허한 시선으로 침대 위에 누워 있었다. 그가 그 여인을 바라보고 있다는 것을 그녀는 의식하지 못하는 것 같았다. 아니면 그녀는 그를 무시하고 있었다. 그는 그가 그 창틀을 넘어 그녀가 누운 방으로 들어간다고 해도 그녀는 공허한 시선을 흔들림 없이 유지할 것이라고 믿고 창틀을 넘었다. 창틀 위에 있던 제라늄 화분이 보도 쪽으로 떨어져 꽤 요란한 소리를 내며 깨졌다. 튤립나무 아래를 걷던 연인들이 깜짝 놀랐다는 표정으로 깨어진 제라늄 화분과 그 얼룩일 뿐인 그를 바라보았다. 그도 찢어질 것 같은 가슴을 한 채 그 연인들을 바라보았다. 연인들은 곧 무안한 표정과 판단중지의 표정을 어색하다는 듯이 짓더니 서둘러 현장을 떠났다. 그는 고개를 돌려 공허한 시선의 여인을 바라보았다. 예상대로 그녀는 여전히 공허한 시선으로 허공을 바라보며 침대에 누워 있지 않았다. 그녀는 하얀 시트 위의 누런 얼룩이 되어 남았을 뿐이다. 그는 하던 일을 마저 끝내는 농부처럼 창틀을 넘어 그녀 대신 누웠다. 침대에는 아무런 온기도 없었고 불쾌한 습기만이 있었다. 그는 느꼈다. 그가 얼룩이라는 것을. 제라늄 화분은 비에 젖으며 그대로 창틀 위에 있었고 튤립나무 아래를 걷던 연인들은 길 건너 가로등 아래서 포옹하고 있었다. 그들은 입상처럼 움직임이 없었다. 그는 사라진 여인이 공허한 시선으로 바라보던 쪽을 그녀의 공허한 시선을 흉내 내어 바라보았다. 거기엔 실패의 구축이라는 커다란 글자가 거친 서체로 쓰여 있었다. 여기저기 정체를 알 수 없는 얼룩이 있었고 책 몇 권이 흩어져 있었다. 그는 그의 방에서 아직 나가지 않은 것이다. 그는 작게 중얼거린다. 얼룩, 얼룩, 얼룩. 문을 연다. 무기력한 개가 되어 조금 젖어. 문을 열고 다시 문을 열고 책상 앞에 앉았다. 얼룩소. 자작나무. 야자나무. 군함. 밭. 숲 속. 숲 속의 빈 데. 임간지. 태운 자리. 문을 열고 숲으로 가서 보았다. 볼 것이다. 문을 열고 숲으로 가서 초록과 검정과 빨강과 노랑이 난무하는 저녁의 숲으로 가서 빨간 모자가 지나가기를 기다리는 늑대처럼 숲으로 가서 더 잘 듣기 위해 더 잘 달리기 위해 더 잘 보기 위해 더 잘 물기 위해 숲으로 가서 숲이 될 수 없다면 노루가 되어 깜짝 놀라 달아나며 말을 잊으며 숲으로 가서 문을 열고 통증을 잊고 숲으로 가서 젖은 숲이 될 것이다. 무작정 문을 열고 숲으로 가서 지는 해를 손가락으로 가리키며 저기, 저, 저것, 좀, 봐. 숲으로 가서 문을 열면 갑자기 나타나는 무덤. 지워지는 풍경. 무덤 위의 잠자리. 고이는 풍경의 찌꺼기. 풍경 속으로 들어가 다른 풍경이 되거나 풍경의 일부가 되거나 배경이 되거나 분위기가 되거나 아무렇거나 계속 반복하거나 뒤로 돌아서 추억을 재배치하거나 헬리콥터 지나가고 무기력한 조금 젖은 개가 되거나 빨간 모자를 잡아먹는 상냥한 늑대가 되거나 이유 없는 시를 쓰거나 숲으로 가서 시를 넘어가서 다른 걸 쓰거나 말거나 물빛, 불빛, 흔들리고 있었다. 그때, 이런 시를 썼다. 제목은 아마 아이슬란드. 아이슬란드는 아이슬란드. 나는 거기서 부정과 긍정의 불가능성을 배우지 않았다. 아이슬란드는 아이슬란드. 그곳은 생각보다 춥지 않았지만 덥지도 않았다. 하지만 아이슬란드는 아이슬란드. 우리는 아무도 아이슬란드에 아이슬란드를 그리워하며 가지 않았다. 아무도 없었고 아무것도 없었다. 아이슬란드는 아이슬란드. 동물원에 가서 티본스테이크를 먹지 않았다. 사자의 고환을 바라보며 티본스테이크를 먹느니 코끼리의 장엄한 똥을 바라보며 구스베리 아이스

크림을 먹는 것이 더 그럴듯하겠다고 생각하지 않았다. 그리고 똥과 장엄함을 이웃하게 하는 건 어리석은 수사라고 생각하지 않았다. 그런 종류의 자의식은 없었다. 바람이 불지 않았고 삶을 시도하고 싶은 생각도 없었지만 아이슬란드는 아직도 아이슬란드였다. 예전엔 뭐라고 불렀을까, 그 타조보다 조금 작은 그 새를, 하고 그가 생각하지 않았고 생각할 수 없었고 다만 어떤 책에서 그런 상상이나 대화를 하는 인물을 만나지 않았다. 에뮤는 에뮤, 그리고 아이슬란드는 아이슬란드였지만 나는 내가 아니었다. 아이슬란드는 아이슬란드. 나는 내가 무엇을 쓰는지 알고 싶지 않았고 그런 말은 누구에게도 하지 않았다. 아이슬란드는 아이슬란드. 커피는 식었고 머리카락에 남은 물이 방울져 뺨 위로 흐르지 않았다. 입장료를 내지 않고 코냑 병을 손에 들고 동물원 담장을 넘지 않았다. 그 때 거기엔 지금의 그들이 없었다. 몽골에 가지 않았고 사할린에 가지 않았고 남지나 해에서 돌아오지 않은 작은할아버지가 보고 싶지 않았다. 그런 할아버지는 있지 않았다. 배가 고프지 않았고 배가 부르지 않았고 엘리베이터 안에서는 아무 일도 발생하지 않았고 비상 층계참에서는 아무 일도 발생하지 않았다. 아이슬란드는 아이슬란드. 비둘기의 추락사라는 말을 중얼거리지 않았고 까치의 장신구라는 말도 중얼거리지 않았다. 그가 그건 제라늄이 아닌 것 같다고 말했고 나는 부정하지 않았다. 아이슬란드는 아이슬란드. 그는 오문과 비문의 차이를 알려고 하지 않았고 그럼에도 시 같은 소설을 썼고 더 이상 소설을 읽지 않았으며 그의 말을 듣던 그는 더 이상 시를 읽지 않았다. 아이슬란드는 아이슬란드. 그는 질투를 느끼지는 않았지만 무언가 속상했고 그건 질투였고 소설 같은 시가 아니라 시 같은 소설이 쓰고 싶다고 숙취로 답답해진 입안을 혀로 적시며 생각하지 않았다. 왜냐하면 그는 생각하지 않는 동물이기 때문이다. 아이슬란드는 아이슬란드. 그는 어떤 명사도 생각하지 않았고 어떤 동사도 생각하지 않았다. 아무것도 않았다. 아이슬란드는 아이슬란드. 아무도 않았다. 아이슬란드는 아이슬란드. 않았다. 이런 시도 썼다. 조금 후에.
그가, 그가, 너에게, 너에게, 네게, 그러니까, 내가,
그에게, 그리고, 너에게, 다시, 왜, 너에게, 그가, 그
녀가, 그녀가, 제발, 너에게, 그리하여, 그러니까, 다
시, 결국, 네게, 그래서, 그러니까, 네가, 내가, 그가,
내가, 우리가, 그곳에서, 너는, 너를, 나는, 나를, 네
가, 너를, 그녀는, 그녀를, 그것을, 그러니까, 그렇
게, 그럴수록, 어떻게, 그것을, 그곳에서, 다시는, 그
를, 그녀를, 그러니까, 그것을, 그는, 거기서, 끝내,
그 순간을, 그는, 그녀를, 그를, 그는, 다시는, 그가,
내가, 그것을, 그곳을, 그, 그, 그, 그, 그, 그, 그는,
나, 나, 나, 나, 나, 나, 나, 나, 나는, 내가, 그러니
까, 그럼에도, 결국 그를, 그가, 어떻게, 내가, 그녀
를, 우리가, 그러니까, 거기서, 끝내, 결국은, 당연
히, 그가, 그러니까, 내가, 우리가, 그를, 그녀를, 우
리를, 어떻게, 거기서, 그를, 그녀를, 내게, 내가, 그,
그, 그, 그것을, 그녀를, 그를, 우리를, 그, 그, 그,
그, 그, 그가, 그러니까, 결국, 내가, 어떻게, 다시

한 번, 우리가, 그곳을 지나서, 저 너머로, 그러니까 결국, 그것을 할 수, 그가, 그러니까 내가, 그가, 그녀가, 그들이, 그래, 그들이, 그들은 결국, 아무 곳도 아닌 그곳에서, 아무렇게나, 그들은, 우리들에게, 그러니까, 바로 그들이, 그녀를, 우리에게, 갑자기, 그녀를, 다시 그녀를, 그녀들을, 그들은, 그러니까, 우리 앞에서, 네가 떠난 그곳에서, 그러니까, 내가, 내가 있었는데, 내가, 바로 내가, 나를, 어떻게 나라고 부르는 나를, 나와 함께 있던 그, 그러니까 우리는, 그곳에, 이번에는 가려고, 우리가, 그러니까 나와 너, 그래 너도, 너까지, 네가 있다, 그와 함께, 그녀와 함께, 우리가 어떻게, 어떻게, 그곳에, 그와 그녀와 함께, 물론 너도, 내가 나를, 나는 내가, 결국 다시, 영원히, 우리는 파도 위의 파도 위에서, 문득, 사라지는, 우리는, 네가, 그가, 그녀가, 그들이, 그녀들이, 우리가, 당신, 그래 당신, 나는, 나는, 나는, 나는, 나는, 나는, 나는, 나는, 나는, 나는 술어를 찾는 나인가, 나는 결국, 나는, 나는, 어떻게 나는, 나는, 나

는, 나는, 나는, 나는, 나는, 나는 나인가, 나는 영원히, 그러니까 너를, 너를, 너를, 나는. 나중에 이렇게 다시 썼다. 너 너 너를

너를 너 너를 너. 그 후에 이런 시도 썼다. 그. 그것. 그. 그것. 그가 말한다. 그가 말한다. 그것. 그가 말한다. 그것. 그가 말한다. 그것. 흔들리는 그. 그것. 그 안. 그것의 안. 밖. 그. 그것. 그. 그러니까. 저기. 저곳. 곳의 곳. 밖. 그러니까. 그 어떤. 곳. 어떤 소음. 그것. 언제나 앞에 있는. 그 있는. 그 있는 있음. 그러니까. 그 책상 앞에서 형성되는. 되는. 형성되고 있는. 있음. 저 너머로 있는 하나의 둘. 둘의 하나의 셋의 어떤. 그러니까 그 저기 저 너머. 그 그것. 그곳. 그. 그러니까 그리하여 그 기침. 직박구리 하나. 저 가지. 저 가지. 저 가지. 눈 내리는. 쌓인 눈의 가지. 저 가지의 끝. 그 끝 위로 부르는. 소리쳐 부르는 바람. 바람 너머. 그 너머. 그러니까. 그 너머. 그 가지. 다시 끝. 곤줄박이. 박새. 깨새. 딱새. 다시 처음부터. 그 너에게. 너를. 너에게. 그 너를. 너에게. 사랑한다고. 너에게. 그. 떨어지는 눈. 너의 눈. 그 조금 벌어진 입. 그 속. 그 조금 벌어진 영원한 성기. 그 속. 너의 그 안. 너의 그 터무니없는 어둠. 그 아름다움. 그 골목. 그 길. 그 어떤 우연. 우연히. 그. 그것. 그러니까. 그. 그. 그. 그. 그. 그것. 그. 그것은. 그것은. 그 앞에. 뒤에. 옆에. 있을 수 있다. 그 다. 다. 다. 다. 다. 언제나. 너를 향한 일이 있었다. 다. 결정적으로. 그 과거로. 숲의 앞에 들판이. 들판에게. 들판에는. 풀이. 풀 위에는. 그 너가. 태양을 뻘며 누워 있다. 있으며. 그 너는. 손가락을 들어. 너의 그 젖은. 마른. 그 성기를 가리키며 웃다. 웃으며. 그 들판. 위에서. 기어. 기어. 더 멀리. 기어. 그 늪을 향할 때. 그 나는. 처음부터. 나였던. 그 나는. 그러니까. 나는. 그 지나가는 새. 지나가는 그 너구리. 지나가는 그 오소리. 지나가는 그 여우. 지나가는 그 늑대를 향하여. 그래, 고라니도 있고. 경운기도 있고. 자전거도 있을 텐데. 그 너는 손가락, 그 하얀 손가락을 들어 너를. 다시 나를. 다시 그를 향하여. 향하니. 향했다. 무한. 무한을 향하여. 무한한 대화를 엿듣는 너나 우리. 그래, 우리. 그 우리는. 우리로 있다. 언제나 항상 없는 우리. 그 우리는 너. 그것은 바람에 넘어지는 풀. 가능성 없는 눈물들. 눈물의 복수. 눈물의 단수. 무릎으로 기어, 고라니. 그 고라니. 풀을 뜯다. 문득. 그 너를 바라보는 고라니의 눈. 그 커다란 젖은 눈. 그 눈을 향하여 힘없이 손을 들어 입을 가리고 웃으며. 울며. 그것. 책상 앞의 그것. 그 그것. 그 책상의 분위기. 그 분위기. 그 주변의 공기. 그 그것들. 날아가는 벌레. 꽃. 꽃을 뜯어 먹는 너. 너의 젖은 성기에 꽂힌 꽃. 꽃대. 그 밖의 대상들. 흩어지는 꽃잎처럼 흩어지는 대상들. 가려움. 우주적 가려움. 터지는. 언제나 터지고 있는 우주적인 고통. 돌이킬 수 없는. 결코 없는 저 언덕. 언덕에서 본 강. 그 강물. 그 그것. 그것들의 성좌. 영원한. 처음부터 전무한. 항상 눈앞에만 있는. 파편들. 파편들. 그 앞에 있는 너처럼. 너의 눈에 글썽한 눈. 눈. 눈. 눈물. 그 눈물. 부. 스. 러. 기. 이것은 다시, 언젠가, 다른 형태로 나타날 것이다. 이런 시작 노트가 있었다. 강은 쑥빛이다, 로 시작할 수 있다. 등나무꽃은 피다 말았다. 집에 오니 백합이 피어 있다. 이 문장은 집에 오니 백합이다, 로 수정될 것이다. 손은 떨리고 당신은 옆에서 그늘로 멀어진다. 그들의 눈빛은 언제나 흔들리고 있었다. 이 노트는 더 이상 변화가 없다. 멈추었다. 계속. 시간은 어느 방향으로 흐르는 것인가. 열린 문으로 들어갔다. 골목으로 들어가 골목으로 나왔다. 우산에서 물이 뚝뚝 떨어졌다. 아케이드를 지나갔다. 붉었다. 안경 너머의 눈빛은 쉽게 흔들렸다. 흔들리고 있었다. 물 위의 벌건, 퍼런, 누런, 허연 불빛이 흔들리고 있었다. 휘파람을 불었다. 마셨다. 아무거나 막 마셨다. 문을 열고 들어가니 눈이 내리고 태풍이 오고 악수를 하며 등을 쓰다듬고 마시고 아무거나 막 마시고 세탁기에서 물 빠지는 소리 듣고 책상 위에 책을 쌓고 책꽂이에 책을 꽂고. 는개. 서리. 보리밭. 죽은 매미. 죽은 지렁이. 그 위의 파리, 파리, 파리, 흔들리고 있었다. 미궁이 아니라 미로라는 사실이 위로가 되었지만 순간적인 착각일 뿐이었다. 휘파람새. 박새. 개개비 지나가고 방충망에 붙어 울던 매미가 거칠게 날아갔다. 목을 조르고 우산을 부러뜨리고 다시 햇빛이 고이고 숲 속의 빈터를 한 단어로 칭할 수는 없는가. 나무 그림자가 만드는 하얀 사이를 한 단어로 칭할 수는 없는가. 흰그림자인가. 숲터인가. 흔들리고 있었다. 자꾸 같은 자리를 맴돌고 있었고 갈증은 심해지고 다시 흔들리고 있었다. 문을 밀고 들어갔다. 문밖으로 사라지고 싶었다. 영원히. 그는 흔들리는 빛을 삼키고 무가 되었다. 무 밭 위의 배추흰나비. 무 밭 위의 배추흰나비. 무 밭 위의 배추흰나비. 그는 말이 없었다. 다 거짓말이었다. 문을 열고 들어가 공간의 한 점에 선다. 그는 퍼지고 있었다. 흔들리고 있었다. 엿을 먹고 토마토를 먹었다. 웃으며 아무 말도 하지 못했다. 목발과 흰 셔츠와 넥타이와 안경과 청바지와 미니스커트와 손바닥. 흔들리고 있었다. 문을 밀었다. 하얗고 검다. 문을 열고 나간다. 문을 열고 들어온다. 문 안에 선다. 발바닥으로 바닥을 느낀다. 그는 너는 나는 방에 있다. 그림자가 일어난다. 그림자에게 다가간다. 만진다. 만져진다. 만져지는 그림자. 그는 너는 나는 그림자는 어렵다. 명치가 아프다. 그가 누워 있다. 그림자가 아닌 그가 누워 있다. 신음 소리. 그는 그를 밟고 지나간다. 가볍다. 밖을 본다. 보인다. 아무것도 보이지 않는다. 그가 네가 신음한다. 졸린 눈을 비비며 그가 다시 들어간다. 그는 앉아 있었다. 그는 담배를 피웠다. 그는 짜증이 나는 것을 느꼈고 다시 담배 한 대를 꺼냈다. 그는 의자에서 일어나 허리를 움직여본다. 그는 모종의 분노를 느낀다. 바로 그때 비가 쏟아지고 이상하게도 까마귀 소리가 들렸다. 그는 한 걸음도 전진하지 못했다. 빨래는 마르고 있었다. 일상의 풍경은 가끔 결정적이다. 결정적으로 무용하고 결정적으로 자극적이다. 빨래는 마르고 있다. 갑자기 천둥이 치고 그 전에 번쩍

하고 번개가 밤하늘을 순간적으로 찢었다. 찢는다. 종이를. 너를. 그를. 나를. 그는 허리를 만지며 다시 앉았다. 눈을 비비며 문을 열고 나와 다른 곳으로 간다. 책상이 보인다. 책상 위에는 종이가 있다. 종이는 바람에 날릴 것만 같다. 그는 목을 돌려본다. 그가 아닌 그가 바닥에 누워 있다. 그는 그가 아닌 그를 발로 툭 건드려본다. 그는 중세 유럽의 무사처럼 누워 있지 않고 그냥 누운 자처럼 누워 있다. 그의 눈엔 초점이 없다. 발로 건드렸는데도 그는 약간 꿈틀거릴 뿐 일어나려 하지 않는다. 더 이상 다른 동작을 궁리할 수 없는 그는 책상 앞으로 가다가 방향을 바꿔 책꽂이 앞에 선다. 그는 책을 바라보고 만지고 펼치고 덮고 꽂고 바라본다. 그는 여전히 등을 보이고 누워 있다. 그를 죽여볼까 하는 생각을 잠시 했으나 쓸모없는 생각이라고 생각되어 그렇게 하지 않고 다시 문을 열고 다른 방으로 간다. 다시 다른 방에서 나오면 그는 사라질 것이다. 그렇지 않다면 그저 지겨움에 지겨움이 더해진 상태가 되어 함께 있겠지. 그는 담배를 피우며 보이지 않는 동반자라는 글은 본 적이 있지만 빤히 보이는 동반하지 않는 자는 정말 귀찮다고 생각했다. 담배를 피우며 방충망 저편의 버즘나무와 은행나무 위로 내리는 비를 느낀 후에 다시 아까 그 방으로 가보았는데 그는 그저 얼룩이었다. 그는 그 얼룩을 걸레로 닦으며 인생은 얼룩, 인생은 얼룩, 이라고 중얼거렸다. 얼룩 속으로 끝없이 문이 이어지는 것을 보았다. 얼룩을 핥으니 문이 열렸다. 들어간다. 들어가서 선다. 아아, 얼룩, 그리고 신음, 이라고 발음해본다. 다시 그림자를 바라본다. 그림자에게 다가선다. 그림자는 앞에 있다. 그림자가 사라지기를 기다린다. 숲이 펼쳐진다. 숲은 짙은 어둠이다. 숲 속으로 그림자가 사라지고 있다. 손에서 무언가 떨어진다. 우울이라는 글자가 바닥에 새겨진다. 그리움이란 글자는 지워진다. 지겨움이란 글자로 바뀐다. 그가 펄쩍 뛰어 밭으로 들어간다. 그는 쫓아간다. 그는 중얼거린다. 이걸 어쩌나, 이걸 어쩌나. 밭 사이에 있는 문으로 숨어들어간다. 문을 밀고 들어가 문 안에 섰다. 문이 있다. 지겨운 문. 문을 열었다. 그는 앉아 있다. 그는 걸어간다. 그는 부딪힌다. 그는 그다. 그는 그다. 그는 마신다. 그는 다시 그다. 그는 앉아 있다. 그는 앉아 있다. 그는 앉아 있다. 앉아 있는 그는 무료하고 막막하다. 그는 막막하고 무료하게 앉아 있는 그다. 그에 대해 묘사하는 것은 쉽지 않다. 그는 앉아 있다. 지루하게 그는 앉아 있다. 개개비 한 마리가 소나무 가지 위에 앉아 있다. 그는 개개비에게 질문한다. 지팡이는 어떤 나무로 만든 것이 고급이냐. 개개비는 대답하지 않는다. 개개비는 무장을 하고 그에게 다가간다. 날카로운 고전적인 병장기다. 그는 팔 하나쯤은 잘려도 좋다고 각오한다. 개개비와 내밀한 관계를 구축할 수 있다면 팔 따위는 없어도 좋다. 개개비는 조금 비웃더니 그의 눈을 쫀다. 그는 곧 피투성이의 처절한 성격을 가진 인물과 비슷하게 되었다. 그는 개개비가 싫어졌다. 개개비는 예상 외로 호전적이다. 개개비는 개개비가 아니라고 지저귄다. 개개비는 개개비가 아니고 휘파람새인가 아니면 개개비

사촌인가 아니면 역시 개개비인가. 그는 다시 시인처럼 앉아 있다. 물렁하고 하얀 것이 문 앞에 있다. 물렁하고 하얀 것을 밀고 문 속으로 들어간다. 문은 사라진다. 물렁하고 하얀 것은 추락한다. 추락하는 물렁하고 하얀 것을 물끄러미 바라보고 한 발 앞으로 디딘다. 그는 앉아 있던 그의 시간이 그리워진다. 그는 방파제를 꿈꾸지만 방파제는 방파제일 뿐이다. 벽이다. 벽일 뿐이다. 그리고 물렁하고 하얀 것은 그것 자체로 하나의 문이다. 개개비도 문이다. 문이 너무 많다. 문을 밀며 붕붕 떠서 흐물흐물 녹아내리며 짚으로 된 여자 짚으로 된 여자 짚으로 된 여자 중얼거리며 문을 열었다. 뒷문을 열었다. 앞문을 열었다. 현관문을 열었다. 웃겼다. 웃었다. 올려다보았다. 둘러보았다. 그는 걸어가다 멈추었다. 생각난 듯이 무언가 잊은 듯이. 커다란 고양이가 항문을 보여주며 앞서 갔다. 강을 끼고 달려갔다. 꽃들이 많이 피었다. 구급차가 경적을 울리며 지나갔고 대형 물새가 강을 건넜다. 참새 둘이 명자나무에서 대추나무로 대추나무에서 사철나무로 사철나무에서 향나무로 향나무에서 은행나무로 은행나무에서 능수버들로 옮겨가며 바쁘게 싸웠다. 해가 뜨고 있었다. 그가 기차를 타고 떠났다. 그가 기차를 타고 돌아왔다. 그는 내복 차림으로 뛰어나갔다. 앞부분엔 오줌 얼룩이 묻어 있었다. 그는 그가 아니었다. 그는 그가 아니었다. 바나나가 두 개 썩고 있었다. 새우 껍질을 벗기는 청년은 시드비셔스라고 써진 티셔츠를 입고 있었다. 그는 이제 돌아와 문을 열고 또 문을 열고 또 문을 열고 옷을 벗고 몸을 씻고 침대에 누워 자신을 독살하러 올 사람을 기다렸다. 하지만 그는 언제나 늦게 오는 그였고 기다리는 동안 시를 쓰거나 소설을 읽었고 철학자들의 이름을 외웠으며 꼭 읽어야 할 고전의 제목을 기록하고 또 기록했다. 그때 새가 소리를 죽이며 날아올랐고 빵가루를 손가락으로 찍어 먹고 식은 커피를 한 모금 마시고 상추가 먹고 싶다고 옆에 앉은 미인에게 말했다. 상추가 먹고 싶어, 상추가 먹고 싶어, 상추를 먹다 목이 메고 싶어,라고 말했고 미인은 멍하게 그를 바라보았다. 그는 공허였다. 그는 문을 열고 들어가 그가 왜 그곳에 있는지 잠시 생각하고 문을 닫았다. 잠자리에 들 시간이다. 그는 창피를 무릅쓰고 문을 열고 들어갔고 문을 열고 나왔다. 문을 닫는다. 탕. 문을 열고 들어간다. 검다. 비틀린다. 담배가 부러진다. 다시 들어간다. 문을 열고 신을 신고 문을 열고 들어간다. 찬 공기. 담배를 입에 물고 파란 철문을 지나 가벼운 악취를 지나 층계참에 선다. 까치와 동박새와 티티새는 잔다. 두 여자가 같은 높이로 지나간다. 그림자가 없다. 두 여자는 말을 나누고 있다. 그 말은 흩어진다. 철창 안의 담배는 끝난다. 파란 문을 열고 들어간다. 하얀 문을 열고 들어간다. 문을 열고 들어간다. 배경은 물러난다. 가령, 비틀린다. 비틀거린다. 커피 한 모금 마신다. 문을 열고 들어간다. 여기에서 거기까지. 내가 잡은 옷자락. 내가 물어뜯은 옷자락. 내가 찢은 옷자락. 문을 열고 들어간다. 그늘. 그늘. 그늘. 문 앞에서 망설인다. 뒤돌아본다. 문을 열고 들어간다. 바닥의 얼룩. 문을 열고 들어간다. 얼룩. 끈끈한 점막으로 된 통로를 지나 그늘. 다시 너를 만나기 위해. 그늘. 문을 열고. 얼룩. 들어간다. 문을 열고 들어간다. 발음해본다. 물방울 떨어지는 소리. 물방울 떨어지는 소리. 감을 그린 그림. 감을 그린 그림. 마늘의 잠. 눈 위에 눈 내리는 소리. 눈 위에 눈 내리는 소리. 눈 위에 눈 내리는 소리. 자꾸 더해지는 소리. 무언가 한꺼번에 무너지는 소리. 겁먹은 소리. 소리의 고리. 고리의 소리. 걸리는 소리. 뚫리는 소리. 소리의 살. 붉은 살. 고기. 고기. 살. 살. 사라지는. 그런 소리에 더해지는 그런 소리. 가령 사다리. 사다리를 오르는 벌거벗은 여자. 벌거벗은 입술. 벌거벗은 무릎. 벌거벗은 엉덩이. 벌거벗은 궁둥이. 벌거벗은 젖꼭지. 벌거벗은 눈. 벌거벗은 이. 벌거벗은 손. 벌거벗은 머리. 벌거벗은 귀. 벌거벗은 시. 그래 시. 또는 남자. 떼로. 죽으러. 살러. 계속 사다리를 올라 그 속으로. 겉으로. 속으로. 겉으로. 상상처럼. 또는 상상 그대로. 불가능하게. 집단자살 풍으로. 문을 열고 나간다. 바닥을 응시하며 비참. 우울. 외친다. 빛 속에서. 어둠 속에서. 그는 걸어간다. 그의 앞으로. 희미한 빛이 사라진다. 그는 걷는다. 그는 걸었다. 그는 걷는다. 사다리는 사라진다. 문을 열고 들어와 앉는다. 책상 위의 책. 책상 위의 여러 책. 호반새. 호반새를 보러 가야 해. 호반새. 할미새를 보러 강으로 가지 않나. 가나. 비참. 우울. 틱 틱틱. 책상 앞에 앉는다. 소리를 듣는다. 무엇인가 내려가고 올라간다. 빈 공간에서 계단을 밟는 사람의 발소리. 저 끝으로 무언가 사라지고 있다. 한숨과 커피. 다시 한숨과 커피. 그리고 담배 한 갑. 물방울 떨어지는 소리. 다시 물방울 떨어지는 소리. 문을 닫고 불을 껐다. 틱. 화요일이다. 수요일일까. 이런 시를 썼다. 하얀 문이 있는 방에 오래 있었다. 창이 있는 방이었는데 창문은 열리지 않았다. 창밖으로 버즘나무와 은행나무가 보였고 그 위로 구름이 있는 하늘이 보였다. 복도로 가끔 사람 같은 것이 지나갔다. 때론 매미 소리가 들리고 때론 눈이 내렸다. 가끔 겁먹은 소음이 들려왔다. 하얀 문이 있는 하얀 방은 언제든지 나갈 수 있는 하얀 방이었다. 언젠가 그는 하얀 방이 있는 하얀 문을 나가기로 결심하며 결심이란 단어는 우습다고 생각하며 그런 생각은 생각이 아니라 뭐랄까 아무튼에 속하는 영역이라고 생각했고 동시에 영역 같은 단어는 참 이상한 비유라고 생각했다. 그는 하얀 문을 겁쟁이답게 단호하게 열어젖혔고 문지방을 넘는 그 오랜 시간 동안 끔찍한 휜빛을 느꼈다. 다시 하얀 문을 과감히 닫으려다가 누군가 보고 있을지도 모르겠다는 꽤 비겁한 생각에 그의 나이에 걸맞은 안색을 지어보려 애쓰며 안색이란 고색창연한 단어를 나는 왜 좋아하는 것일까, 하는 생각을 하는 듯한 흔들리는 표정도 잠시 인간적인 매력을 더하기 위해 지어보았다. 그러면서 그는 이 휜빛은 나의 등장을 축하하는 조명이거나 친구들의 깜짝 파티일 것이라고 믿고 싶었지만 세상에 그를 아는 사람은 아무도 없다는 것이 그때까지의 엄혹한 현실이라는 것을 생각해냈고 동시에 엄혹하다는 단어를 생각할 자격이 있는지 생각했고 자격이 있는지 없는지를 생각할 위치가 아니라는 사실을 깨닫고 실소를 금할 수 없었지만 실소라는 단어를 왜 난데없이 생각했는지 생각했다. 그러면서 역시 이 하얀 방 밖으로 나간다는 것은 무의미한 일이라고 생각했고 그를 보고 있을 사람은 아무도 없을 것이라는 확신을 가지고 좀 민망하기는 하지만 문을 천천히 그리고 힘없이 닫았다. 어디선가 귀뚜라미 소리가 들렸고 발가락 너머로 개미와 거미가 사이좋게 지나가는 것이 보였다. 그는 다음번에는 아무리 무서운 흰빛을 만나더라도 문을 열고 나가 다른 문을 만나리라고 단호히 결심했고 이번 결심은 진짜라고 돌이킬 수 없다고 느꼈다. 창밖으로 노란 비가 쏟아지고 있었고 하얀 방은 초록 방으로 바뀌어 있었다. 그사이에 누가 이런 짓을 했는지 물론 궁금하지 않았고 의자에 앉아 담배를 피웠다. 노란 비는 어느새 그쳐 있었고 커피를 다 마셨다는 것을 문득 깨달은 그는 자연스럽게 하얀 문을 열고 나가 물을 끓이고 커피 잔에 커피를 넣고 끓인 물을 부은 후 작은 숟가락으로 잘 저으며 나는 왜 숟가락이라는 단어를 사랑하는 것일까, 생각했다. 그리고 빨리 하얀 방으로 들어가서 하얀 방을 나오는 장면을 전쟁 전날 밤의 왕의 서재 같은 분위기를 가진 다른 방에 우뚝 서서 검은 창밖의 엉킨 지평을 응시하는 왕의 재떨이 같은 기분으로 상상하리라고 생각했다. 그 생각을 하느라고 커피를 조금 흘렸고 조금 흘러 바닥에 흐른 커피를 걸레로 닦았다. 닦으며 그는 죽고 싶다라는 생각을 하고 싶었으나 그 생각은 그에게 금지된 것이 있다. 그는 다시 문을 열고 하얀 방으로 들어가며 어쩌면 정말로 혁명이 필요한 것이 아닐까,라는 생각을 했다. 그는 다시 의자에 앉아 노란 빗방울을 묻히고 있는 버즘나무와 은행나무의 징그러운 모습을 감상하며 심심하니까 울어봐야겠다고 생각하고 울었다. 눈물엔 술이 필요하다는 생각을 하며 자리에서 벌떡 일어나 하얀 문을 열고 문지방을 지나 냉장고의 문을 열었다. 문을 열면서 그는 생각했다. 생각이 침투하면 시는 사라진다. 공기의 문을 열고 공기의 문 앞에 선다. 문을 연다. 아무거나. 아무거나. 저리로 이리로 내려가고 올라간다. 문을 열고 문을 지나서 저리로, 그 밖으로, 소리 너머로, 다시 처음으로, 비스듬히 들어간다. 죽는다. 끓어오른다. 너에게. 나에게. 그렇지 아니한가. 어떤 소음도 없이. 거절당하며. 흔하게 희미해지며. 작아지며. 울고. 울지 않고. 소리 지르고. 아무렇게나. 아무렇지 않은 듯이. 너에게. 오직 너에게. 믿지 못하겠지만. 지난 행동을 모두 취소하고. 다시 너에게. 위로 아래로 옆으로 다시 뒹굴며. 기어서. 아래로. 좀더 아래로. 항상 너를 향하여. 네 앞에서. 위로. 아래로. 지나가며. 바람을 느끼며. 바람이 불었어. 물이 차오르지. 저 너머로. 모든 일은 잊힐 것이다. 왼쪽으로. 다시 오른쪽으로. 내려간다. 올라간다. 항상 적당한 크기를 유지하며. 스치며. 문을 열고. 비극적으로. 다만 문을 연다. 없다. 내려간다. 지나간다. 그는 운다. 그는 운다. 아무렇게나. 아무거나. 그가 문을 열고. 그가 계단을 올라가고. 그가 빛 앞에 섰을 때. 그가 꽃을 보고. 그가 다시 비에 젖고. 그가 다시 불안해하고. 그가 또 눈물 흘릴 때. 그가 지나갔다. 위로 아래로. 그가 고백한다. 널 사랑해. 그가 고백을 철회한다. 그가 거짓말한다. 그는 영원히. 그는 영원히. 그는 문을 열고. 그는 새의 이름을 말하고. 그는 그의 질문에 대답하지 못하고. 그 나무의 이름은 모른다. 다시 문을 열고. 너를 만지다. 문을 연다. 잊었다. 내가 너를. 내가 그를. 그가 내려가고 올라갈 때. 내가 너를 부를 때. 언덕 위에서. 언덕 아래서. 구멍 속으로. 구멍의 주변에서. 어두운 구멍을 바라보며. 포도주와 빵과 밤과 서녘과 별과 꽃과 망각과. 내가 너를 볼 때. 다만. 결국. 내가 너를 만질 때. 손가락 끝. 나는 너를. 나는 너를. 나는 너를. 나는 문을 열고 지나가고. 지나치고. 스치고. 희미해지고. 흐릿해지고. 흐려지고. 산산이 흩어지고. 아무도 아니고. 아무나. 아무나. 아무거나. 아무도 아닌 자가 되어. 다만 그렇게. 햇빛에 햇빛이 더해지듯. 너를 향하여. 오직 너를 향하여. 문을 지나며. 문을 열고. 그들이 되어. 그리고 내가 되어. 다만 오직 흐릿하게. 문을 연다. 문을 열다. 문은 뒤에서 닫힌다.

문을 열었다. 나는 앞을 보며 계단을 오르다 어떤 상상을 하다. 가령 다시는 문을 열고 되돌아갈 수 없다. 하얀 옷을 입은 여자 하나 지나갔다. 손에는 책이 들려 있다. 책을 떨어뜨리다. 허리를 굽혀 책을 줍다. 나는 하얀 천에 싸인 둔부를 보는 척하다. 실제로 아무것도 보지 못하다. 아무리 봐도 아무것도 보이지 않다. 의자에 앉다. 내가. 그가. 우리가. 특히 네가. 땡볕 아래 아직 죽지 않은 지렁이를 보다. 지렁이는 세 가지 색으로 구분되어 있다. 가장 적은 색인 흰색이 예쁘다. 지렁이는 몸을 비틀며 죽고 있다. 지렁이는 지렁이. 나는 나. 배롱나무는 배롱나무. 능수벚나무는 능수벚나무. 비 오다 말다 다시 오다. 너를 그리워하다. 거짓으로. 아직도 거짓은 남아. 사랑이 무엇인지 영 모르고. 문을 열고. 노루오줌풀에 꽃 핀 것 보고. 흔들리며. 벌에 쏘이지 않을까 염려하며. 선풍기에 의지하고. 파탄을 방치하고. 후회에 싸여. 문을 밀고 문을 지나고. 언제나 문지방을 넘지 못하고. 문에 기대어. 문득 네가 나타난다면 난 어쩔 줄 모르고.

또 문을 여는 시늉을 할 텐데. 문을 열고. 민망해져서. 네가 싫어, 네가 싫어, 네가 싫어, 중얼거리고. 문을 열고. 하얀 문을 열고. 문만 열고. 문을 지나간다. 회전문은 아니다. 문 없는 문을 지나간다. 문짝 없는 문. 열린 구멍. 암흑에서 흰빛으로 열린. 또는 흰빛에서 암흑 속으로. 나선형 계단이나 단정한 시멘트 계단이나 투박하게 돌과 시멘트와 모래가 섞여 그 재료가 노출된 계단이나 철제 계단 따위가 있어서 아래나 위로 문을 향해 접근할 수 있는 모양을 연출하는 상황에 처한 문이어도 좋다. 그는 나는 너는 우리는 그들은 당신들은 지나가고 지나가고 되돌아오고 또 지나간다. 문을 열거나 열지 않고 지나간다. 연기한다. 지연한다. 보류하고 긴장하고 넋 놓고 간다. 가서, 가니까, 문을 지나왔다는 것을 기억한다. 문을 지나서 왔다. 역시, 아무튼, 문을 지나서 어디에 있다. 섰다. 그녀가 빨간 기모노를 입고 밤색 책상 위로 허리를 굽혀 무언가를 쓰고 있다. 엉덩이를 엿볼 수 있다. 그녀가 적당한 단어를 찾지 못한 것처럼 잠시 쓰기를 멈추고 왼손으로 코를 만진다. 그녀는 오른손잡이가 분명하다. 문명을 이룬 수달이여, 나는 너를 사랑한다. 나는 너를 사랑한다. 그것은 잘못된 말이다. 엉터리 없는 말. 그런데, 그럼에도, 그러니까, 사랑할 수는 없는 것일까. 사랑할 수는 없는 것이다. 그럴 수는 없다. 빨간 기모노를 입은 그녀가 문밖으로 나간다. 그는 문을 열고 공기의 문 앞에 선 일이 있었다. 서서 피레네의 산양을 생각했다. 피레네의 산양을 지키는 하얀 개를 생각했다. 커피가 없어. 어디까지가 문인가. 그를 반으로 쪼개면 양쪽은 다 입구와 출구가 되는 것인가. 그가 행주를 태우는 동안 그는 무아지경에 이르지 않는다. 모든 말은 거짓말이니까. 문을 열며 하염없이 하릴없이 문고리를 붙잡고, 없는 문고리를 붙잡고, 지겹고 고집스럽게 갈매기와 까치가 평행을 이루며 나는 것을 바라보다가 반달이 떴구나, 애야, 안주를 만들어라. 나는 술 한 병 사오리. 눈 위를 맨발로 걸어서. 안개 속에서. 공포 속에서. 떨림과 우울 속에서. 문을 지나갔는데, 문을 지나가기 전과 똑같다는 것은 곤란한 일이 아닐 수 없지만, 문을 지나서 문을 열고 공기의 문을 열고 그가 방에, 어어어, 방에, 방에 있는 그. 그녀. 그. 그녀를 문을. 문을. 문을. 한 번만 더. 아니 몇 번 더. 문을. 그를. 그래. 그를. 그 문을. 문을 열었다. 지나간다. 지나갔다. 내가. 네가. 그가. 아마 그가. 문을 지나서. 어떤. 그래 어떤. 방으로 들어갔다. 개가 짖고 새가 지저귀고 귀뚜라미가 울고 오토바이가 지나갔던가. 차 한 대가 주차되어 있다. 빨간 차. 나무는 흔들린다. 새는 철창 속으로 들어간다. 그 안으로. 안에. 안에서 밖으로. 밖에서 안으로. 아니 그 속으로. 해가 지고 있었다. 신발 한 켤레는 가지런히 놓여 있었다. 옛날에. 그러니까 옛날에. 문을 열었고 문을 지나 어디로 갔다. 그에게 술을 한 잔 권한다. 그는 거절하지 않는다. 세월은 흐른다. 그는. 나는. 너는. 다른 문을 찾으려 한다. 문을 열고 박새 세 마리가 다른 곳으로 들어간다. 박새를 따라갈 수는 없는 것일까. 그는. 나는. 너는. 생각하나. 문을 열고 언제나 문을 열고. 반달이었어. 어제는 반달. 어제는 반달. 어제는 반달. 문을 열었다. 떨리는 문. 나는 이동한다. 여기에서 저기로. 저기에서 여기로. 물소리 들린다. 너를 그리워하며. 너를 미워하며. 부드럽게 그리고 거칠게. 안으로. 안이 없는 안으로. 그 속으로. 언제나 진행하는 것만 남는가. 너는 소파에 앉아 있다. 아니 소파에 비스듬히 기대어 앉았다. 비가 내린다. 거짓말처럼 비가 내린다. 방 안으로 역시 물은 흐른다. 어둡다. 희미한 불빛이 흐른다. 공기는 맑지 않다. 비행기 지나가는 소리가 들렸고 멀리 차들의 경적이 누군가를 부르는 애처로움을 가지고 들려온다. 박새 한 마리. 박새 두 마리. 박새 세 마리가 이 나무에서 저 나무로 이동했다. 예컨대 라일락에서 향나무로 측백나무에서 무자비하게 잘린 능수버들로 끈끈한 진액을 떨어뜨리는 가죽나무에서 하얗고 빨간 꽃이 피는 명자나무로 명자나무에서 모과나무로 은행나무에서 소나무로 소나무에서 버즘나무로 버즘나무에서 흰 구름으로 흰 구름에서 누런 반달로 그렇게 저렇게 박새가 그 빠른 몸짓으로 위치를 바꾸는 동안 나는 비상 층계참에서 담배를 한 대 피우며 비상 층계가 무너지진 않을까 생각했다. 노파 하나가 지나갔다. 그는 어디로 사라진 것일까. 그 새의 이름은 무엇이었나. 비가 내리고 있었고, 비스듬한 너는 흐린 눈빛으로, 흐리지만 젖어 빛나는 눈빛으로 손짓했다. 가라는 건지 다가오라는 건지 알 수 없는 애매한 손짓을 하며 너는 다시 눈을 감았다. 꿈에. 꿈의 안에. 그 속에서. 너는 흐려지고 진해졌다. 나는 배회하는 나일 뿐이시난 너를 스치는 비를 정지시킬 수 있었다. 나는 그 비를 눈물이라고 칭하기로 했다. 언덕을 오르며, 언덕 옆으로 뚫린 창들을 바라보며, 그 창들의 살림과 모래알 같은 단란을 엿보며, 겨울이 올 것이다, 그리고 봄이 올 것이다, 바람이 불고 까치는 시끄러울 것이다,라고 생각하지 않았다. 너를 보면 너를 보았다는 것만 기억할 뿐 다른 건 없었다. 더 이상 슬플 수는 없었고 덜 슬플 수도 없었으며 그저 쌀밥 같은 슬픔을 천천히 씹어 넘길 수 있을 뿐이었다. 너의 조금 젖어 흔들리는 눈빛의 물기를 국물 한 모금이라고 생각하며 숟가락을 들 것이다. 문을 지나가며 순간 그런 것들을 보았다. 나는 그 순간을 기록하지 못하고 가슴은 썩어간다. 문을 열고 방으로 들어간다. 나간다. 나는 이동한다. 여기에서 저기로. 저기에서 여기로. 그리고 안을 찾아서. 그 속을. 문을 열었다. 강이다. 백할미새 강가에서. 백할미새 강가에서. 백할미새 강가에서. 백할미새 강가에서. 토하다. 강 위에 오줌을 누다. 강에서 문을 열고 들어가 강에 서다. 강에 부유하는 것들. 노란 고무공. 나무공이라는 단어. 배구공을 쫓아 강으로 뛰어가는 소녀. 그 쓸쓸함. 강에서 강을 보았다. 보트 하나 둘 셋. 왜가리 띄엄띄엄. 우뚝 서서 좀 먼 데를 바라보고. 바라보고. 바라보고 있다. 가끔 물고기 뛰어오른다. 강은 멀리 흐르고 있다. 다시 비가 내렸다. 강 위로 떨어지는 비와 콘크리트 위로 떨어지는 비와 아스팔트 위로 떨어지는 비와 너의 눈으로 떨어지는 비와 너,를 기억한다. 너를 기억한다라고 쓰면 너를 기억하게 되는가. 너를 기억하지 않는다.

너는 없다. 후회에 싸여. 후회를 쌓고. 회한이란 단어가 주는 어감을 그리워하며. 그런 척하며. 강에 서서. 비 내리는 강에 서서. 비 떨어지는 강에 서서. 강에서 돌아올 때. 강으로부터 돌아올 때. 속으로. 속으로. 속으로. 울며. 은행 냄새. 백할미새에게 근접하기는 어렵다. 왜가리에 접근하기도 어렵다. 문을 열었다. 강이 아니다. 나는 앉아 있다. 언제나 같은 곳에. 여기는 방이다. 문을 열고. 어두워졌다. 환해지는 방. 노 망. 노 망. 노 망. 문을 열지 않았다. 그리움의 코끝, 같은 것. 그 위로 내리는. 아니, 흐르는 눈물 같은 것. 아쉬운 대로 고개를 돌리며 문을 밀며. 강에는 백할미새. 그리고 또 왜가리. 처용의 새들. 또는 미끄러지며 잊어야 하는 것들. 문을 연다. 아스팔트 위에 비가 내렸다. 사이렌 소리 들린다. 떨린다. 불가능하다. 내리는 것이. 들리는 것이. 떨리는 것이. 여는 것이. 비가 내렸다. 비 냄새가 난다. 바람이 분다. 헬리콥터가 지나간다. 나는 너에게 가지 않았다. 나는 네가 떠나는 뒷모습을 보았다. 옛날에 네가 나를 잡은 손을 놓지 않았다. 다시 사이렌이 울리고 전투기 두 대가 나란히 지나갔다. 대낮이었다. 빛은 방 안 가득 퍼지고 있었다. 나는 볼펜을 떨어뜨렸다. 나는 허리를 구부려 볼펜을 집었다. 볼펜으로 아무도 죽이지 않았다. 앉아 있었다. 바람이 불었다. 바람은 계속 불었다. 나는 그 꽃이 명자꽃이라는 것을 그때 알았다. 반복은 비할 데 없는 쾌감을 주었다. 명자나무 명자나무 명자나무라고 말해도 좋았고 미선나무 미선나무 미선나무라고 말해도 좋았다. 사랑해 사랑해 사랑해라고 말해도 좋았고 싫어 싫어 싫어 어떻게 그럴 수 있니 어떻게 그럴 수 있니 어떻게 그럴 수 있니라고 말해도 좋았고 조치원 조치원 조치원이라고 발음하면 조가비 조가비 조가비라고 발음하는 것처럼 좋았다. 문을 열었다. 끝없는 경사가, 물매가, 구배가, 있었다. 그것은 신종 무궁화가 아니라 부용이었다. 부용을 처음 보고 부용을 좋아하던 처용 얼굴을 떠올려보았다. 죽은 시인은 죽은 시인이다. 다시 문을 연다. 책상 위의 햇빛은 바삭바삭하다. 그가 누워 있다. 그는 검은 피를 흘리고 있고 눈은 뜬 채이며 입에서는 무언지 모를 액체가 나와 턱을 타고 목으로 흐르다 말라 있다. 나는 그에게 다가가 잠시 그의 죽은 얼굴을 바라본다. 눈을 감겨주려고 했으나 잘 감기지 않는다. 나는 힘껏 그의 눈꺼풀을 내린다. 그의 눈은 다시 떠지지 않는다. 이 죽음은 조작된 것이니 아무도 모를 것이다. 맥락은 없다. 나는 문을 열었고, 열린 문 안, 열린 문밖, 열린 문 너머에서 무엇이 나올지는 모른다. 가령 귀뚜라미 같은 짓. 가령 비에 젖는 바시 같은 것. 가령 아무것도 아닌 것. 문을 열고 너에게 다가가 묻는다. 내가 너를 사랑하는가. 가령 불가능하다. 불가능하고 불가능하여 파탄이다. 문을 연다. 너는 나를 사랑하는가. 문을 연다. 바람이 분다. 누군가 붉은 벽돌을 차곡차곡 쌓고 있다. 어제 본 소녀가 지나갔고 어디선가 다른 소녀가 길을 잃고 추위에 떨고 있다. 바람이 부니까 개가 짖는다. 너는 자란다. 너는 계속 자라 만질 만하다. 바람이 불었다. 책상에 엎드려 처용은 어깨를 들썩이며 울고 있었다. 처용은 들어간 나를 눈물 고인 눈으로 쳐다본다. 가까이 와서 앉으라는 눈빛을 한다. 서러워 죽겠다라는 표정이다. 가까이 다가간다. 처용은 내게 술을 한 잔 따라준다. 나는 술잔에 담긴 술을 물끄러미 보았다. 왜 울고 있나요, 산다화가 피고 부용이 피고 있어요, VOU, 하고 지나가는 당신의 배도 이미 저 멀리 북태평양을 지나 알래스카로 가고 있는데 왜, 울고 있나요, 모든 것들이 눈을 뜨고 있어요, 처용은 말이 없다. 처용은 더욱더 울 뿐이다. 나는 그런 처용이 슬펐지만 동시에 지겹기도 했다. 바람이 불었고 개가 짖었다. 나는 마지막 커피를 마시며 마지막 시를 쓸 수 있을 것인가 생각했다. 마지막에는 결국 처용을 필요로 했다. 그러나 처용은 말이 없었다. 내가 서라벌을 지날 때 말이야, 그날 밤에 말이야, 라고 말하기를 바랐으나 처용은 아무 말도 하지 않았다. 그의 눈에 더 이상 눈물은 없었다. 술 한 모금을 마시더니 담배를 꺼내 물어 피웠다. 슬프도록 푸른 연기가 방 안에 가득했다. 나는 그 방을 나가고 싶었으나 좀더 두고 보기로 했다. 창밖으론 바람이 불었고 산다화와 부용은 바람에 흔들리고 있었다. 선생님, 사보텐을 가지고 왔어요, 젓갈도 좀 있지요, 통영은 여전하더군요, 그 짠내가 느껴지지 않나요, 제 시에서는 이제 지린내가 나요, 다 선생님 탓이에요, 안초비도 준비했어요, 안초비에 소주를 마셔요, 탕쳐버린 생이니 함께 소주를 마시고 울어요. 처용은 나를 물끄러미 바라보았다. 처용은 말이 없었다. 나는 처용을 죽이고 싶었으나 시의 전부인 처용을 죽이던 나는 시를 쓸 수 없겠다라는 생각을 했다. 나는 다시 책상 위에 엎드려 흐느끼기 시작하는 처용을 뒤로 하고 문을 열고 밖으로 나왔다. 밖은 안이었다. 나는 곧 처용을 잊었다. 다만 그의 좁은 어깨를 기억한다. 좁은 어깨는 영원히 흔들릴 것만 같았다. 어쩌면 아직도 흔들리고 있는지도 모른다. 아마 그 방은 눈물로 가득 차게 될 것이다. 나는 문을 열고 밖으로, 아니, 안으로 나갔다. 바람이 불었고 낙엽이 쏟아졌다. 하얀 구름은 파란 하늘 아래서 빠른 속도로 지나가고 있었고 길은 끝이 없었다. 어디선가 VOU, 하고 소리가 났다. 나는 어쩔 수 없이 자색의 아네모네가 되었다. 나는 잊을 것이다.

후회

전화벨이 울리다 만다.

많이 양보해서,

가죽나무 이파리 위로 떨어지는

비를 사시나무 이파리가 보고 있다.

많이 양보해서,

희끗희끗 떨어지는 비는,

하얀 것에 휙 그어진

칼자국 같다.

많이 양보해서,

이마를 짚고,

부질없는 산보도 관두고,

많이 양보해서,

아주 꺼지지는 말고,

잊은 것을 애써 꺼내려 말고,

많이 양보해서,

희끗희끗 떨어진 비가,

희끗희끗 떨어진 피로

보이기도 하지만,

현실도 환상도 없었던 삶,

나는 너를 사랑한 일 없고,

너는 나일 뿐이었고.

눈물

그것은 울고 있다
무릎을 안고 그것은 울고 있다
고추 대야에 담은 고추
거미줄은 늘어간다
불행 속에서 친구는 늘어나듯
무릎을 안고 울고 있던 그것은
엉덩이를 살짝 들어보고
발바닥의 굳은살을 만져본다
세월이 필요했던 건 아니었다
그것은 울고 있다
무릎을 안고 그것은 울고 있다
철 대야에 담은 마늘
불을 켜고 창문을 열고 훌쩍거리는
조숙하고 발랄했던 그것은
문지방 하나를 지나
문지방 둘을 지나
문지방 셋을 지나
거울 앞에 서보기도 하는

그것은
젖꼭지가 똑 떨어질 것 같고
비는 쏟아지고
잔디가 잔디꽃 피우기를 멈출 수 없듯
그것의 웃음이 그것의 울음을 가릴 수 없듯
그것은 울고 있다
빨갛고 파랗고 노랗고
가서 떨어지는 별을 잡으라고 했던가
표면과 이면을 알아야 한다고 했던가
돌멩이의 맛은 눈물의 맛과 비슷하다고 했던가
그랬던가
진짜 그늘이었나
아니면
진짜 눈물이었나

누가

 그것의 울음을 누가 멈출 수 있을까 황조롱이나 새매는 저기에서 저기로 날아 무한의 눈곱을 떨어뜨리고 그 겨울 그 성에는 한숨으로 다시 돌아와 너의 눈빛에 흩어지는 상처로 상처의 무한 무늬로 오로지 퍼질 뿐인데 그것의 울음을 누가 멈출 수 있을까 붉은 샤워 가운을 걸치고 하얀 수건을 머리에 두르고 훌쩍이며 내가 이 울음을 참을 수 있을까 내가 이 울음을 참을 수 있을까 하면서 하얀 옷으로 갈아입고 누워 빗질을 하며 머리카락을 떨어뜨리고 다시 울고 있는데 누가 그것의 울음을 멈출 수 있을까 누가 그것의 울음을 멈출 수 있을까 문득 햇살이 커튼 사이로 쏟아 들고 그것은 겨우 지난겨울의 지난여름의 차 한 잔을 마셔보는 것인데 그것의 울음을 누가 멈출 수 있을까 자하문 앞이거나 남산 자락의 어느 찻집에서 내가 술잔을 붙들고 빗물을 쪼아 먹는 참새가 되어 술병의 앞에 위치한다면 그것의 울음을 멈추게 할 수 있을까 그런데 누가 그것의 울음을 멈추게 할 수 있다는 말인가 그것의 울음을 누가 멈출 수 있을까 황

조롱이나 새매는 작년으로 돌아가는데 누가 오후의
햇볕을 그것에게 펼칠 수 있을까 누가

그러나 너는 나비

그것은 조금 휘고 있다.
나는.
너는.
우리는.
그것은 조금 휘고 있다.
물소리.
물소리 위에 더해지는 없는 소리.
또는, 또는.
그러니까 낙마 같은 것.
보다 더 정교한 것.
같은 것.
가령 쥐의 꼬리에 달린 푸른 입술.
같은 것.
다른 것.
너를 바라보며 나는 좋았다.
너를 만지며 나는 좋았다.
언제.
너를 핥으며 나는 좋았나.

언제.
어디서.
울면서.
웃으면서.
비가 내리고.
눈이 내리고.
너를 버려도 나는 마실 수 있고.
나를 버려도 나는 마실 수 있고.
너를 소모하며 나는 무엇이였나.
나를 소모하며 나는 무엇이었나.
비는 내렸고.
눈은 내렸고.
슬픔 없이.
너는 웃었고.
너는 울었다.
나는 웃지 못했다.
나는 울지 못했다.
그러나 너는 나비.

술이 쏟아지고.

술잔이 깨어지고.

폭포 아래서 내가 본 꽃은 무엇이었나.

동굴 앞에서 내가 본 꽃은 무엇이었나.

환상 없이 눈앞에 번히 있는 꽃들은 다 무엇인가.

먼지의 빈혈인가.

탁 탁 탁.

그것은 비스듬히 앉아 있다.

앉아 있는 그것.

그 너머.

아스팔트 위에 피어오르는 아지랑이 같은 것.

또는 아스팔트 위에 떠오르는 아지랑이.

생이란 신기루를 지나가는 일.

그것은 조금 휘어 있다.

절벽에 휘어 있는 소나무 같지는 않고.

그것은 조금 휘고 있고.

그것은 조금 휘고 있다.

너와 나.

그리고 우리.
그것은 자고 있다.
아마도.
그러나 너는 나비.

칠월

 담배를 사러 나갔는데, 골목의 차 사이에서 고양이 두 놈이 나를 쳐다본다.
 주렁주렁 매달린 칠월의 은행 아래서 조금 비에 젖어.

 내 감각은 여덟.
 내 지성은 열셋.
 내 수사는 아흔여섯.

 고양이 두 놈 중 한 놈은 내가 봄에 뒷모습을 그린 그 검은 놈이었고, 또 한 놈은 내가 걱정한 겨울의 그 밤색과 하얀색이 섞인 그 새끼였다. 고양이와 은행나무와 자동차와 담배와 자전거와 녹차와 보들레르와 트로키와 논어와 김춘수를 구분하려면 많은 인내와 양보와 좌절과 체념과 또 사랑이 필요하다. 사랑이 무언지는 나 모르지만. 고개를 돌려보면 고양이는 없고, 다시 고개를 돌려보면 고양이는 논어 위에 김춘수 위에 트로키 위에 보들레르 위에 녹차 위에 유리 위에 천사 위에 주사기 위에 카인 위에 우울 위에 파리 위에 문법 위에 펼쳐놓은 우산 두 개 위에 벗어놓은 반바지 위에 장기판 위에 시바스 리갈 위에 야래향 위에 건조대 위에 허남준 그림 위에 의자 위에 마주치지 못한 눈빛 위에 있다. 그리고 게 두 마리는 여전히 정지해 있다.

장미 하나 둘 셋.
가위바위보.
하나 둘 셋.

그래도 게 두 마리는 풀밭 위에서 해당화 옆에서 움직이지 않는다. 현실 너머에 있었다.

내 감각은 무한.
내 지성은 완벽.
내 수사는 영원.

휘파람새

휘파람새가 왔다
휘파람새는 휘파람새에게 의지하고 있었다
휘파람새가 왔다
휘파람새는 휘파람새에게 의지하고 있었다
휘파람새가 왔다 휘파람새는
휘파람새에 의지하여
회양목에서 목련 쪽으로
목련에서 왕벚나무 쪽으로
왕벚나무에서 계수나무 쪽으로
계수나무에서 느릅나무 쪽으로
느릅나무에서 떡갈나무 쪽으로
떡갈나무에서 자귀나무 쪽으로
자귀나무에서 후박나무 쪽으로
후박나무에서 뽕나무 쪽으로
뽕나무에서 상수리나무 쪽으로
상수리나무에서 은행나무 쪽으로
은행나무에서 사시나무 쪽으로
사시나무에서 버즘나무 쪽으로

버즘나무에서 아까시나무 쪽으로
아까시나무에서 명자나무 쪽으로
명자나무에서 박태기나무 쪽으로
돌고래처럼 날아갔다
휘파람새는
휘파람새에게 의지하고 있었다
휘파람새가 왔다

검은머리방울새

검은머리방울새는 오리나무숲에 살았다.

이 문장은 무한히 반복해도 좋으리라.

그러니까 검은머리방울새는 오리나무숲에 산다.

검은머리방울새는 쮸잉쮸잉쭈잇쭈잇 울었다.

검은머리방울새는 방울새나 촉새처럼 또륵또륵또륵또르륵또르르륵 울거나 찌리찌찌리찌찌쪼찌리찌 울 수도 있었다.

하지만 검은머리방울새는 그냥 쮸잉쮸잉쭈잇쭈잇 울었다.

검은머리방울새가 현실에서 어떤 울음을 운다면 그것은 꿈을 꿀 때뿐이기 때문이다.

검은머리방울새가 침묵할 때는 다른 모든 새들이 침묵할 때와 동일한 침묵을 침묵한다.

침묵을 침묵할 수 없어도 어쩔 수 없다는 듯.

검은머리방울새는 어느 날 문득 아무것도 아무것과 구분할 수 없었다.

검은머리방울새는 전체는 전무, 라고 외친 후 홍방울새를 생각해보고 완전한 침묵을 시도했다.

그 제스처로 혀를 뽑아버렸다.

그러면서 검은머리방울새는 생각했다.

이젠 내게 제스처만 남았고 제스처로 살다 제스처로 떠나 제스처 그 자체가 되어 제스처로 표상될 것이다.

그 후론 검은머리방울새는 침묵의 그림자를 오랫동안 응시하는 습관이 생겼다.

하지만 아무것도 알 수 없었다.

왜냐하면 검은머리방울새는 검은머리방울새로 영원히 동어반복되기 때문이었다.

침묵의 그림자는 쮸잉쮸잉쭈잇쭈잇 흔들리고 있어 매우 시끄러웠다.

검은머리방울새는 참을 수가 없었다.

어느 날 오리나무숲에는 큰불이 났고 검은머리방울새는 어어, 어이가 없었다.

쮸―잉 쮸―잉 쭈잇 쭈잇. 쮸―잉 쮸―잉 쭈잇 쭈잇.

검은머리방울새는 오리나무숲에서 죽었다.

모른다

직박구리 하나가 모과나무에서 향나무로 이동한다

나는 그것이 무엇인지 모른다

비가 사선으로 내리다 수직으로 내린다

나는 그것이 무엇인지 모른다

여자 하나가 아우디에서 내려 재규어로 옮겨 탄다

나는 그것이 무엇인지 모른다

냄비 속의 물이 끓고 그는 손을 냄비 속에 담근다

나는 그것이 무엇인지 모른다

그가 몸을 뒤척이며 신음을 내뱉고 그는 창밖의 녹음을 느끼고 있다

나는 그것이 무엇인지 모른다

비자나무 옆에 구상나무 구상나무 옆에 측백나무

나는 그것이 무엇인지 모른다

잔인한 묘사와 잔인한 사태의 연쇄

나는 그것이 무엇인지 모른다

1870년대의 프랑스 시와 1960년대의 한국 시

나는 그것이 무엇인지 모른다

난로 위의 사모바르 상 밑의 고타츠

나는 그것이 무엇인지 모른다

늑대의 추격과 기러기의 이동

나는 그것이 무엇인지 모른다

쉰 보리차와 마당을 쓰는 중

나는 그것이 무엇인지 모른다

봄이 가고 여름이 오고 있다

나는 그것이 무엇인지 모른다

그가 자꾸 영원과 무한을 오갈 때

나는 그것이 무엇인지 모른다

그는 울고 그는 불쾌하고 그는 죽었다

나는 그것이 무엇인지 모른다

그는 흔들리며 무엇인가를 바라보려 애쓰고 있다

나는 그것이 무엇인지 모른다

그가 웃고 그가 손을 내밀고 그가 문득 멈추어 고개를 들릴 때

나는 그것이 무엇인지 모른다

빗속에서 두루미 선회한다

나는 그것이 무엇인지 모른다

그가 고개를 숙이고 슬퍼할 때

나는 그것이 무엇인지 모른다

계단 위에는 제라늄 화분이 있고 너는 제라늄 잎을 만져본다

나는 그것이 무엇인지 모른다

너는 유리 앞에서 유리 안을 바라보며 섰는데

나는 그것이 무엇인지 모른다

그는 개미를 피해 발걸음을 바꾸는데

나는 그것이 무엇인지 모른다

그는 없는 그를 찾아가 문을 두드리는데

나는 그것이 무엇인지 모른다

그가 볼펜을 떨어뜨리고 아아아 소리 내는데

나는 그것이 무엇인지 모른다

너를 사랑해

나는 그것이 무엇인지 모른다

그가 책을 덮고 의자에서 갑자기 일어나 두리번거려도

나는 그것이 무엇인지 모른다

그가 빗속에서 울고 있는데

나는 그것이 무엇인지 모른다

세월이 가고

나는 그것이 무엇인지 모른다

모든 종이가 바스러지고

나는 그것이 무엇인지 모른다

문자가 잊혀지고

나는 그것이 무엇인지 모른다

인류가 잊혀지고

나는 그것이 무엇인지 모른다

문을 열고 문을 닫고

나는 그것이 무엇인지 모른다

쪼갠 수박을 앞에 놓은 부부

나는 그것이 무엇인지 모른다

옛 겨울의 실내

나는 그것이 무엇인지 모른다

텅 빈 운동장

나는 그것이 무엇인지 모른다

허리를 꺾고 지팡이를 짚은 노파

나는 그것이 무엇인지 모른다

여기까지 왔는데

나는 그것이 무엇인지 모른다

무정한 타자들의 텍스트

나는 그것이 무엇인지 모른다

낭만적인 목소리

나는 그것이 무엇인지 모른다

내면의 목소리

나는 그것이 무엇인지 모른다

무한 지평

나는 그것이 무엇인지 모른다

나는 그것이 무엇인지 모른다

토마토가 익어가는 계절

토마토가 익어가는 계절

토마토가 익어가는 계절

토마토가 익어가는 계절

내가 너를 부정하는 계절

토마토가 익어가는 계절

난바다의 오징어배가 돌아오는 계절

토마토가 익어가는 계절

내가 너의 엉덩이 살을 엿보는 계절

토마토가 익어가는 계절

청주를 마시고 울다가 체하는 계절

토마토가 익어가는 계절

너를 잃는 계절

토마토가 익어가는 계절

비 오는 날 혼자 킬바도스를 마시고 어디론가 사라지고 싶은 계절

토마토가 익어가는 계절

너를 잃고도 태연한 계절

토마토가 익어가는 계절

아무 일도 없었던 계절

토마토가 익어가는 계절

토마토가 숨고 넘어지고 눕는 계절

토마토가 익어가는 계절

서러움이 뚝뚝 떨어지는 계절

토마토가 익어가는 계절

모국어를 잊고 문학을 버리는 계절

토마토가 익어가는 계절

그러나 결국 아무것도 버릴 수 없는 계절

토마토가 익어가는 계절

서러운 헬리콥터가 비행운을 남기지 않는 계절

토마토가 익어가는 계절

그의 시를 다시 읽는 계절

토마토가 익어가는 계절

너를 만져도 아무 느낌이 없는 계절

토마토가 익어가는 계절

너를 만진 기억을 기억하는 계절

토마토가 익어가는 계절

거미를 닮은 풍뎅이가 무릎에 앉는 계절

토마토가 익어가는 계절

알레고리가 난무하는 생장의 계절

토마토가 익어가는 계절

한 줄 건너 또 나타나는 엉덩이의 계절

토마토가 익어가는 계절

무덤의 풀이 웃자라는 계절

토마토가 익어가는 계절

촌놈들이 보드카와 테킬라를 마시는 계절

토마토가 익어가는 계절

어떤 문장도 의미 없는 계절

토마토가 익어가는 계절

소설에서 소설로 건너뛰는 계절

토마토가 익어가는 계절

쓰다가 멈춘 손가락의 계절

토마토가 익어가는 계절

네가 싫고 네가 좋은 계절

토마토가 익어가는 계절

감탄사만 남는 계절

토마토가 익어가는 계절

약탈과 유린의 낮 꿈을 꾸는 취생몽사의 계절

토마토가 익어가는 계절

그늘을 찾아 걷는 허무의 계절

토마토가 익어가는 계절

다리를 떨며 손가락을 빠는 계절

토마토가 익어가는 계절

후회와 회한이 짝짓는 계절

토마토가 익어가는 계절

콩고에서 모로코까지 쓰다듬는 계절

토마토가 익어가는 계절

무릎 아래가 없는 너그러운 사람을 기다리는 계절

토마토가 익어가는 계절

희끗희끗 소복의 여인이 소파에 앉는 계절

토마토가 익어가는 계절

갇힌 자가 달아난 자가 되는 계절

토마토가 익어가는 계절

그가 횟감을 쳐다보며 눈물을 연출하는 계절

토마토가 익어가는 계절

문법을 익히기 위해 사드의 문장을 외우는 계절

토마토가 익어가는 계절

말없이 땀 흘리며 짬뽕을 먹는 계절

토마토가 익어가는 계절

지는 해를 바라보는 늙은 개를 바라보는 계절

토마토가 익어가는 계절

검푸른 숲보다 먼저 지치는 계절

토마토가 익어가는 계절

그가 내민 손을 그가 내민 손으로 바라보는 계절

토마토가 익어가는 계절

거꾸로만 이동하는 회피의 계절

토마토가 익어가는 계절

날아간 새를 날아간 새로 보는 계절

토마토가 익어가는 계절

흘러간 구름을 흘러간 구름으로 보는 계절

토마토가 익어가는 계절

지는 해를 지는 해로 보는 계절

토마토가 익어가는 계절

문화에 질식하는 계절

토마토가 익어가는 계절

혼자 쓰는 시가 사라진 계절

토마토가 익어가는 계절

생각한 것을 생각하지 못하는 계절

토마토가 익어가는 계절

나는 잃을 것이 아무것도 없다라고 다짐하는 계절

토마토가 익어가는 계절

나는 보이는 것처럼 멍청하지 않다라는 말을 들어
보는 계절

토마토가 익어가는 계절

횡설수설을 보류하고 고백의 길로 접어드는 계절

도마도가 익어가는 세질

모든 것을 처음으로 되돌리는 계절

토마토가 익어가는 계절

그들의 사랑을 슬퍼하는 계절

토마토가 익어가는 계절

고갈의 방법을 찾지 못하는 계절

토마토가 익어가는 계절

고전에서 아무것도 찾지 못하는 계절

토마토가 익어가는 계절

철없는 계절

토마토가 익어가는 계절

턱수염을 만져보는 곤란한 계절

토마토가 익어가는 계절

내가 너를 사랑하는가 물을 수 없는 계절

토마토가 익어가는 계절

비 내리는 바지 위에서 바지를 내리는 계절

토마토가 익어가는 계절

침대 위에 걸터앉은 앵무새를 바라보는 계절

토마토가 익어가는 계절

네가 나를 부정하는 계절

토마토가 익어가는 계절

물회에 소주를 마시고 늘 다른 쪽만 바라보는 계절

토마토가 익어가는 계절

무모를 양식화하고 환멸의 환상 속에서 가는 계절

토마토가 익어가는 계절

없는 너를 그리워하고 제 꼬리를 물려는 개처럼 움직이는 계절

토마토가 익어가는 계절

감출 수 없는 것을 감추는 시늉을 반복하는 계절

토마토가 익어가는 계절

지는 해를 바라보러 강으로 가는 계절

토마토가 익어가는 계절

벌떡 일어나 갈 곳을 모르는 바보인 계절

토마토가 익어가는 계절

숨을 곳을 찾지 못할 계절

토마토가 익어가는 계절

포기가 습관이 된 계절

토마토가 익어가는 계절

빈 곳을 엿보는 어색의 계절

토마토가 익어가는 계절

의지가 사라지고 응시만 남은 계절

토마토가 익어가는 계절

질투와 열등감을 보편화하는 계절

토마토가 익어가는 계절

왼손잡이가 되는 연습을 하는 계절

토마토가 익어가는 계절

지는 해를 멈추고 돌이 되고 싶은 계절

토마토가 익어가는 계절

창밖의 풍경이 내 풍경이 아니게 되어버린 계절

토마토가 익어가는 계절

비 오는 날 파리에서 죽겠다던 시인의 시선을 생각

하는 계절

토마토가 익어가는 계절

너의 울음이 결코 나의 울음이 아닌 계절

토마토가 익어가는 계절

큰 개미 뒤를 따르는 작은 개미를 바라보는 땡볕의 계절

토마토가 익어가는 계절

잠자리에 잠자리가 겹치는 계절

토마토가 익어가는 계절

주어가 위치를 잃고 멀리 사라지는 계절

토마토가 익어가는 계절

강물에 비친 불빛을 바라보며 다른 곳을 그리워하는 계절

토마토가 익어가는 계절

젖은 흙의 냄새를 느끼며 숲 속으로 들어가는 계절

토마토가 익어가는 계절

토마토가 익어가는 계절

말하던 사슴이 말을 잃고 달아나는 계절

토마토가 익어가는 계절

선과 악이 뒤집히는 계절

토마토가 익어가는 계절

모든 것이 다 변명일 뿐인 계절

토마토가 익어가는 계절

침대에서 결코 벗어나고 싶어 하지 않는 사람의 흐릿한 몽상의 계절

토마토가 익어가는 계절

네 발가락이 가리키는 방향이 하염없는 계절

토마토가 익어가는 계절

비 오고 해 오고 다시 비 오는 계절

토마토가 익어가는 계절

부끄러움과 짝하는 계절

토마토가 익어가는 계절

그리움을 잊고 망각과 수작하는 계절

토마토가 익어가는 계절

절제의 수사학을 지나치는 계절

토마토가 익어가는 계절

이미지가 사라진 계절

토마토가 익어가는 계절

이미지가 불가능한 계절

토마토가 익어가는 계절

이해할 수 없는 글자를 보며 묵묵히 우는 계절

토마토가 익어가는 계절

책에서 바람의 냄새가 나는 계절

토마토가 익어가는 계절

질긴 매미가 질긴 목숨을 쏟는 계절

토마토가 익어가는 계절

사랑이 사랑은 사랑 때문에 사랑을 사랑은이라고

중얼거리는 계절

　토마토가 익어가는 계절

　흔들리는 언덕을 오르는 계절

　토마토가 익어가는 계절

　그의 옆모습을 바라보고 괜히 서러워지는 계절

　토마토가 익어가는 계절

　말로 할 수 없는 계절

　토마토가 익어가는 계절

　이쪽에서 저쪽으로 이동하는 화분을 물끄러미 바라보는 계절

토마토가 익어가는 계절

멈출 수 없는 시를 발명하는 계절

토마토가 익어가는 계절

옛 시인들에게 무한한 질투와 연민을 느끼는 계절

토마토가 익어가는 계절

책상 위에 고인 햇빛은 책상 위의 햇빛으로 느끼는 계절

토마토가 익어가는 계절

문득 고개를 돌려 저 끝을 바라보는 계절

토마토가 익어가는 계절

토마토가 사라지는 계절

토마토가 익어가는 계절

토마토가 익어가는 계절?

토마토가 익어가는 계절

상추꽃을 처음 보는 계절

토마토가 익어가는 계절

너의 어색한 연기를 그만 보아버린 계절

토마토가 익어가는 계절

부드러운 잔인을 너그러운 체념으로 응수하는 계절

토마토가 익어가는 계절

다시 담배를 바꾸는 계절

토마토가 익어가는 계절

방향이 없는 계절

토마토가 익어가는 계절

모든 것을 알고 아무것도 할 수 없는 계절

토마토가 익어가는 계절

네가 싫은 계절

토마토가 익어가는 계절

그것을 그만 생각하는 계절

토마토가 익어가는 계절

바람이 서러운 계절

토마토가 익어가는 계절

직박구리가 개개비가 휘파람새가

……

토마토가 익어가는 계절

아무것도 이해할 수 없는 계절

토마토가 익어가는 계절

이해와 사랑의 법칙을 알아버린 계절

토마토가 익어가는 계절

왜 그러는지 모르지만 읽고 쓰기만 반복하는 계절

토마토가 익어가는 계절

사랑을 위해 시를 쓰는 계절

토마토가 익어가는 계절

시를 위해 사랑을 하는 계절

토마토가 익어가는 계절

술을 위해 시를 쓰는 계절

토마토가 익어가는 계절

시를 위해 술을 마시는 계절

토마토가 익어가는 계절

그는 문을 열고 들어가 문 앞에

……

토마토가 익어가는 계절

그 골목 그 언덕 그 바다 그 얼굴 그 손가락 그 발목

……

토마토가 익어가는 계절

너를 부르다 그가 너를 부르다 그가 너에게 다가서다 너는 사라지다 그가

……

토마토가 익어가는 계절

내가 막 문을 열고 그 방으로 들어갔을 때 그곳에는

……

토마토가 익어가는 계절

토마토가 익어가는 계절

문득

토마토가 익어가는 계절

토마토가 익어가는 계절

갑자기 한 칸 뛰어 토마토가 익어가는 계절

이제 문을 닫아도

토마토가 익어가는 계절

밖에 나가지 않아도

토마토가 익어가는 계절

토마토가 익어가는 계절

토마토가 익어가는 계절

여럿이 한꺼번에 아우성치며

토마토가 익어가는 계절

조용히

토마토가 익어가는 계절

토마토가 익어가는 계절

토마토가 익어가는 계절

정처 없이

토마토가 익어가는 계절

토마토가 익어가는 계절

토마토가 익어가는 계절

토마토가 익어가는 계절

토마토가 익어가는 계절

고드름이 얼고 녹고 얼듯이

토마토가 익어가는 계절

토마토가 익어가는 계절

다시

토마토가 익어가는 계절

토마토가 익어가는 계절

네가 나를 알아볼 때까지

토마토가 익어가는 계절

정처 없는

토마토가 익어가는 계절

토마토가 익어가는 계절

토마토가 익어가는 계절

토마토가 익어가는 계절

토 마 토 가 익 어 가 는 계 절

토마토가 익어가는 계절

너를 향하여

토마토가 익어가는 계절

토마토가 익어가는 계절

토마토가 익어가는 계절

영원히

토마토가 익어가는 계절

토마토가 익어가는 계절

처음부터 다시

토마토가 익어가는 계절

토마토가 익어가는 계절

토마토가 익어가는 계절

토마토가 익어가는 계절

토마토가 익어가는 계절

새앙각시

국어사전 속에
새앙각시 하나
지나간다
회랑이라는 어색한
말을 따라
어디선가 태평소 소리
느티나무 잎 위로
떨어진 빗방울
국어사전 속의
새앙각시가
시집의 여백 위에
파리의 시체처럼
눌려 있다
커져라, 새앙각시

그는

그는 벗은 등만 그렸다

……

파인애플을 봉리라고

……

해가 지고 있었다

……

시멘트 바닥 위로 물이 뿌려지고 있었다

……

그는 시간을 보내고 있었다

……

커튼을 열지 않았다

……

누군가 밤에 공을 튀기고 있었다

……

아무도 없었다

……

그는 벗은 등만 그렸다

……

|해설|

체스

허윤진

게임의 초대장

다시 시작이다. 과거를 "망각"하고, 나는 당신의 초대에 응한다. "흑백"의 말 사이로, "성공"과 "실패"를 구축하기 위하여. 당신이 벌여놓은 판에서 당신은 늘 나보다 더 유리하기에, 나는 실패를 예감하면서 그대가 움직이고 있는 말의 세계에 투신하기 시작한다. 당신에게 응수하기 위한 나의 말을 고른다.

비숍bishop에서 룩rook으로 룩에서 폰pawn으로 폰에서 나이트knight로 나이트에서 퀸queen으로 퀸에서 킹king으로, "하얀 말을 수입하고 검은 말을 수출하라."[1]

---

1) 이준규, 「전진」, 『흑백』, 문학과지성사, 2006, p. 28.

언어의 주교들

이준규는 "세상의 모든 시를 시작하리라"[2]라는 야심만만한 초강수를 던졌었다. 한편으로 그는 "글자놀이는 나름대로 열심히 해왔다. 앞으로도 글자놀이는 계속할 생각이다"라는 솔직한 글을 첫 시집 『흑백』의 뒤표지에 적어둔 적이 있기도 하다. 야망과 순진함이 교차하는 야누스적 태도는 그의 언어관과 시학이 지닌 독특하고도 명료한 색채를 드러낸다. "세상의 모든 시를 시작하"겠다는, 어찌 보면 불가능한 계획은 우선 그가 소쉬르와 촘스키의 후계자임을 천명한다. 그의 선언은 자신의 시가 곧 시의 보편 문법이 되게 하겠다는 말과 다르지 않기 때문이다. 한편으론 시 쓰기가 "글자놀이"라는 유희적 차원의 행위임을 인정하면서 그는 비트겐슈타인과 가까워진다. 시 쓰기, 그리고 시 쓰기 안에 이미 내장된 시 읽기가, 마치 놀이처럼 행위자가 단순한 원칙들에 근거하여 어떤 대상과 더불어 참여하는 과정임을 알고 있기 때문이다.

소쉬르와 비트겐슈타인이 각각 『일반 언어학 강의』와 『철학적 탐구』에서 언어의 체계를 체스 게임에 비유하고 있다는 사실은 흥미롭다. 물론 언어학자와 철학자의 지향점에

---

[2] 이준규, 「이글거리는」, 앞의 책, p. 30.

는 분명 차이가 있으며, 그들이 들고 있는 체스 게임의 비유에도 의미의 차이는 있지만 말이다. 소쉬르와 비트겐슈타인은 언어 체계가 체스 게임처럼, 구성 요소와 규약의 섬망으로 이루어져 있다고 보는 듯하다. 여기에서 구성 요소들은 외부 세계의 사물을 정확하게 '재현'할 필요가 없고, 그럴 수도 없다. 체스의 나이트가 현실 세계의 기사를 반드시 모방한 형태여야 하는 것은 아니며, 비트겐슈타인의 관점으로 보면 '기사'라는 개념은 실제 기사들 간에 서로 서로 겹치는 최소한의 유사성, 즉 '가족 유사성'을 토대로 형성된 것이므로, 나이트 말 하나가 '기사'라는 개념의 총체를 담보할 수 있는 길은 어차피 없는 것이다. 중요한 것은 언어 체계가 참여자들이 느슨하게나마 동의할 수 있는 규칙들에 의해 작동하는 것이며, 참여자들은 일종의 놀이꾼으로서 규칙을 창의적으로 운용하면 된다는 점이다.

비트겐슈타인을 따라 말해보면, 놀이에는 무수한 종류가 있고, 각각의 놀이는 다른 종류의 놀이와 모든 면에서 공통된 속성을 가지는 것이 아니다. 우리는 놀이와 놀이 사이의 희미한 겹침을 응시함으로써 놀이의 개념을 구성한다. '시'라는 놀이도 마찬가지 아닐까? 우리는 '시'라고 불리는 실제 개별적인 대상들 사이의 닮음과 다름을 파악하면서 놀이로서의 '시'가 지니는 인상을 떠올려보게 되는 것이다. 당신이 시-놀이에 익숙하지 않다 하더라도 걱정하지 말라. 아이들이 노는 광경을 보다 보면 놀이의 규칙을 파악하게 되듯, 당신도 놀이판을 관찰하면서 언젠가는 놀이에 슬며시 끼어들 수 있게 될 것이므로.

한국어의 화자이며 한국어로 시를 쓰는 그에게 한국어의 규약과 유희 방법을 알려준 존재들은 헤아릴 수 없이 많을 것이다. 시적 야심가인 그는 마치 프랑스 왕정의 추기경 옆에서 추기경의 정치적 기획을 모조리 익히고 빼앗고자 했을 참모처럼, 중국의 위대한 병법가를 거꾸러뜨리고자 했던 비밀스러운 책사처럼, 언어의 최고위 사제들 옆을 맴돈다. 그는 언어의 비숍들과 더불어 대각선으로 "전진", 또 전진한다. 그가 벌여놓은 체스 판의 전법을 기보(棋譜)하다 보면 앞서 간 최고위 사제들의 유산이 드러나는 때가 있다.

그의 화려한 기술과 철학이 가장 돋보이는 판인 「문」을 읽다 보면 눈에 띄는 의성어가 있다. 시의 후반부에서 "VOU", 하고 울려 퍼지는 '소리'. 그것은 일견 무의미해 보인다. 그가 지닌 외국어에 대한 감각으로 미루어 짐작해보았을 때 그것은 혹시 프랑스어의 2인칭 단수/복수 명사 중 하나인 'vous'에서 마지막 철자를 제거한 형태는 아닐까? 음절들의 저 연합이 뱃고동 소리를 지시하는 것임을 감안할 때, 그것을 "보우"라고 읽으면 그것의 청각적 효과는 다소간 반감될 수 있다. (아아, 나를 끈질기게 쫓아오는 미메시스의 망령!) 프랑스어에 "Vou"라는 지명이 실제로 있기도 하지만, 그것은 내륙 지방에 있는 한 지역을 지칭하고 있으므로 뱃고동 소리와는 무관해 보이기도 한다.

그는 사실 이 소리의 주위에 이것을 유의미한 음성으로 전환할 수 있는 몇 개의 단서들을 늘어놓았다. "산다화" "부용" "처용" "통영" "젓갈" "탕쳐버린" 등의 단어에서 우리는 김춘수의 세계에 접속된다. 김춘수의 시를 유심히 읽어본 적이 있는 독자들이라면 이 단어들이 모두 김춘수의 시편들에서 독특한 의미를 부여받으며 일종의 작은 주제들이 되는 과정을 거친 단어들임을 눈치챘을 것이다. 따라서 이 단어들이 이준규의 시에 배치되는 순간, "선생님"이라고 호명되는 존재는 "죽은 시인"인 김춘수로 보는 편이 옳을 것이다.

김춘수는 「VOU」에서 "VOU"라는 의성어를 사용한다.

VOU라는 음향은 오전 열한 시의 바다가 되기도 하고, 저녁 다섯 시의 바다가 되기도 한다. 마음 즐거운 사람에게는 마음 즐거운 한때가 되기도 하고, 마음 우울한 사람에게는 자색의 아네모네가 되기도 한다. 사랑하고 싶으나 사랑하지 않는 사람에게는 그만한 이유가 되기도 한다.[3]

김춘수는 「처용 단장」의 제1부에서도 "VOU"라는 의성어를 사용한다.

---

3) 김춘수, 「VOU」, 『김춘수 시전집』, 현대문학, 2004, p. 39.

VOU 하고 뱃고동이 두 번 울었다.[4]

 김춘수의 이 구절들을 알고 있을 때, 이준규가 어째서 "왜 울고 있나요, 산다화가 피고 부용이 피고 부용이 피고 있어요, VOU, 하고 지나가는 당신의 배도 이미 저 멀리 북태평양을 지나 알래스카로 가고 있는데 왜, 울고 있나요,"(p. 107)라든가 "어디선가 VOU, 하고 소리가 났다. 나는 어쩔 수 없이 자색의 아네모네가 되었다"(pp. 108~09)라고 의미의 연관 관계가 불분명해 보이는 문장들을 쓰고 있는지를, 비로소 충분히 이해하게 된다. 일견 무의미해 보이는 의성어는 한 비숍과의 만남 속에서 시적인 의미를 지니게 된다. 문학의 언어는 현실 세계를 지시하는 기능을 하기 위해 존재하는 것이 아니다. 한 판의 언어는 다른 판의 언어를 참조하고 베낌으로써 비로소 의미를 갖게 되는 것이리라.
 이런 점에서 이준규가 보는 김춘수는 앞뒤가 꽉 막힌 주교 영감이 아니다. 그리고 김춘수 역시 또 다른 언어의 비숍들을 추앙하고 있음을 분명하게 밝힌다. 시집 『늪』(1950)에 수록된 바 있는 시편 「蛇」는 서정주에게, 「旗—청마 선생께」는 유치환에게 바치는 문학적 헌사요, 모방의

---

[4] 김춘수, 「처용단장」, 앞의 책, p. 546.

고백이라고 해도 좋겠다. 『서서 잠자는 숲』(1993)에 수록된 「돌각담」과 『의자와 계단』(1999)에 수록된 「김종삼」은 김종삼의 시 세계에 바치는 오마주이기도 하다. (물론 김춘수는 한국 현대 시사의 이 거장들뿐만 아니라 세계문학사의 매력적인 존재들을 적극적으로 대거 자신의 시에 초대한다.) 이준규는 이때 우리에게 이런 훈수를 둘 것이다. "김종삼과 박용래가 너에게 어울린다/항상 한국 시인부터 생각하는 습관을 길러라."[5]

김춘수가 「김종삼」의 첫 행을 여는 단어로 "라산스카"[6]를 택한 것은 더할 나위 없이 적절한 한 수(手)라고 할 수 있다. 김종삼은 「라산스카」라는 제목으로 여섯 편의 시를 남겼다. 이 시들의 내용은 각기 다르지만, "라산스카"라는 정체불명의 단어가 공통적으로 등장한다. 이 단어는 마지막 모음 'ㅏ'와, 한국어에서는 어두에 잘 쓰이지 않는 자음 'ㄹ', 외래어를 음차할 때 외에는 역시 자주 쓰이지 않는 자음 'ㅋ'의 배치로 말미암아 마치 외국어의 어떤 여성형 명사 같은 느낌을 준다. 「라산스카」 시편들이 대개 어떤 '소리'에 관한 자의식을 드러내며, 첫번째 「라산스카」가 음악에 영감을 받아서 쓰인 다른 시편들과 함께 등장한다는 점을 고려했을 때, 라산스카는 음악과 어떤 식으로든 관계가 되어 있을지 모른다는 추측을 하게 된다. 우리가 떠올릴

---

5) 이준규, 「고등어」, 앞의 책, p. 72.
6) 김춘수, 「김종삼」, 앞의 책, p. 927.

수 있는 이름은 소프라노 힐더 라샨스카Hulda Lashanska (1893~1974). 유튜브Youtube에 떠도는 그녀의 목소리에는 김종삼이 느꼈을 법한 청명한 파열감이 서려 있다. 그리고 이준규가 느꼈던 따스하고 투명한 비애는 또 어떤가. 라산스카와 글린카의 공명(共鳴).

   하늘 속   병원에 가지 않았다
   맑은   집에서 나가지 않았다
   변두리   글린카 소나타 듣는다
                          라르게토 마 논 트로포[8]

   새 소리 하나
   물방울 소리 하나

   마음 한 줄기 비추이는
   라산스카[7]

  이준규가 김종삼과 공유하는 것은 비단 술과 음악에의 도취만은 아니리라. 어떤 언어기호를 반복함으로써, 그 지시적인 의미와는 상관없이 그것을 하나의 개인 상징으로 만들려는, 언어의 음악적 기획, 그것이야말로 이준규가 김종삼뿐만 아니라 모든 뛰어난 예술가들과 나눠 갖는 고수

---

7) 김종삼, 「라산스카」(수록 2), 『김종삼 전집』, 나남출판, 2005, p. 97.
8) 이준규, 「햇빛—지혜에게」, 앞의 책, p. 110.

로서의 패(貝)다. 『정키Junky』에서 약물의 목록을 반복하고 있는 윌리엄 버로스William S. Burroughs처럼, 반복, 또 반복. 자신의 경로에 있는 말을 뛰어넘어 전진할 수는 없는 비숍처럼, 이준규는 다른 말들 앞에 멈춰 서 있고, 그의 기획은 룩, 즉 성(城)에 의해 보호됨으로써 완전해진다. "세상의 모든 시를 시작하"는 이준규에 의해 우리는 문학사의 좌표들을 재설정하기에 이른다.

음악은 성(城)이요

비숍들의 역사적 대각선은 "전후좌우"[9]로 움직이는 음악적 언어의 룩(城)에 의해 지탱된다. 이준규의 '언어놀이'는 뛰어난 시인들과 음악가들의 세계에서 쉽게 확인할 수 있는 것처럼, 자신을 포함한 대상을 반복하고 변주하라는 황금률에 기초해 있다. 『흑백』에서 반복과 변주의 원칙은 대개 음운이나 형태소의 차원에서 실행되었다. 그러나 이번 시집에서는 「문」이나 「토마토가 익어가는 계절」과 같은 역작들에서 확인할 수 있는 것처럼 반복과 변주의 대원칙이 그야말로 가능한 '모든' 문법적 차원에 적용되고 있다.

하나의 문장은 크게 주어부와 술어부로 구성된다. 이준

---

9) 이준규, 「가을이 또」, 앞의 책, p. 44.

규는 나, 너, 그, 우리 등 주어부에 들어올 수 있는 인칭대명사들을 반복적으로 열거함으로써 주어부의 화성(和聲)을 쌓고 있다. 술어부는 또 어떠한가? "나는 술어를 찾는 나인가"(「문」, p. 78)라는 물음은 공허한 것이 아니다. 그는 하나의 주어와 결합될 수 있는 가능한 술어들을 최대한 모색하고 하나의 술어를 다른 하나의 술어로 끊임없이 교체함으로써 환유의 시학을 구축한다. 술어의 시제 면에서도 그는 총체성을 구현하려 하고 있다. 그는 '동일한' 용언도 과거, 현재, 미래 시제로 활용함으로써 동작/상태의 반복성과 시간의 차이를 동시에 확보한다.

이준규가 김춘수를 혁명적으로 계승하는 부분은 바로 '이율배반'의 주제화다. 김춘수는 미국의 신학자 라인홀드 니버의 영향으로 다소간 신학적인 이율배반을 논하고 있지만,[10] 이준규는 철저히 언어적이며 구조적인 이율배반을 산다. 이율배반의 시학은 이준규의 시를 모든 방향에서 제어하고 있다고 해도 좋다. 우리는 시간의 차원이 개입되지 않은 현실 세계에서는 하나의 문을 닫으면서 그것을 동시에 열 수 없다. 이준규가 「문」에서 끊임없이 여닫고 있는 문, 끊임없이 들고 나는 방은 이율배반을 가능케 하는 공간적 조건이다. 동시에 존재할 수 없는 이율배반의 상태는 문장을 기술하거나 낭독할 때 필연적으로 발생할 수밖에

---

10) 김춘수, 앞의 책, p. 1101.

없는 시간의 경과로 말미암아 시적으로 '그럴 법한' 것이 된다. 시간의 지속 안에서 동작과 상태는 언제든 변화할 수 있기 때문이다.

   문을 열었다. 들판을 달리다 문득 선 토끼처럼, 토끼가 말했다. 토끼가 말하지 않았다. 토끼가 말했다. 토끼가 말하지 않았다. 토끼가 말했다. 토끼가 말하지 않았다. 토끼가 말했다. 토끼가 말하지 않았다. 토끼가 말했다. 토끼가 말하지 않았다. 토끼가 말했다. 토끼가 말하지 않았다. (「문」, p. 15)

위에 인용해둔 예에서도 볼 수 있듯이 어떤 것이 주제화되기 위해서는 반복이 필수적인데, 이준규가 가장 열정적으로 반복하는 것 중의 하나는 바로 '동일성과 차이'라는 육중한 철학적 화두이다. 『토마토가 익어가는 계절』에 수록된 어떤 시를 기보하더라도, 동일성과 차이를 반복하겠다는 시인의 야망을 쉽게 관찰할 수 있다. 무작위로 한 부분을 옮겨 적어보자.

   벌거벗은 입술. 벌거벗은 무릎. 벌거벗은 엉덩이. 벌거벗은 궁둥이. 벌거벗은 젖꼭지. 벌거벗은 눈. 벌거벗은 이. 벌거벗은 손. 벌거벗은 머리. 벌거벗은 귀. 벌거벗은 시. (「문」, p. 90)

여기에서 "벌거벗은"이라는 수식어는 적어도 형태적으로는 동일하게 유지되고 있다. 하나 이 수식어가 수식하는 대상은 계속해서 교체된다. 이 대상들 간에도 '신체 부위'라는 의미론적 동일성이 있다고 말하려는 찰나, "시"라는 단어가 이 목록의 연쇄에 끼어듦으로써 다시 한 번 차이가 발생한다.

그는 문법적인 완성과 미완성이라는 주제마저도 반복하고 있다. 「문」에는 주어와 서술어를 비롯한 문장 요소들을 완벽하게 갖추고 있는 문장과 그렇지 못한 문장 들이 뒤섞여 있다. 우리의 관찰은 완성된 문장들에만 국한되어서는 곤란한 것이다. 시인이 겨냥하는 것은 문법적으로 '옳은' 문장에 대해 품는 우리의 환상이다. 시적 효과는 미완성에서도 온다. 아니, 완성과 미완성의 공존에서 온다.

어째서 이준규는 반복하고 변주하는가? 혹은, 어째서 동일성과 차이를 반복하는가? 반복의 문제는 기억과 망각이라는 또 다른 이율배반과 맞물려 있다. 기억한다는 것은 과거에 일어난 바 있는 사건, 과거에 있었던 상태를 현재의 시간 속에서 재생(再生)하는 것이다. 기억을 통해 인간의 시간이 서사화될 때 이야기는 기본적으로 반복을 전제할 수밖에 없는 것이다. 이준규는 자신이 '했던' 것을 기억함으로써 어쩔 수 없는 반복의 구조에 편입된다. 동시에 그는 현대의 시인으로서 전통을 갱신하겠다는 의지 또한 버릴 수 없을 것이다. 그렇기에 그는 문학사를 망각하고 자신의 시를 망각함으로써 새로운 "시작"을 도모하게 된다. 비록 그것이 파탄날 수밖에 없는 계획이라 할지라도.

이준규는 어떻게 전통을 계승하면서도 독자적인 영역을 구축할 것인가 하는 현대적인 고민을 대를 이어 거듭하고 있다. 동일한 것을 반복하더라도 그것이 더 이상 동일한 것일 수 없다[11]는 믿음으로 그는 쓰고 있다. 음악적 효과로 축조된 성 안에서, "정확한 반복은 없다. 아니 반복은 없다. 아니 정확함은 없다"(「문」, p. 43)고 모든 가능성을 부정하며.

도취의 기사, 도취의 패졸(敗卒)

이준규, 그는 어디로든 갈 수 있는 나이트. 그를 제약하는 것은 드물게 존재하고, 그래서 그에게는 운신의 자유가 있다. 그가 「문」에서 안팎이 구분되지 않는 듯한 세계, 마치 '클라인 씨의 병'처럼 자연수의 차원에 속하지 않은 세계를 끊임없이 돌아다니고 있는 것은 그에게 주어진 자유

---

11) 거트루드 슈타인Gertrude Stein의 실험적인 시편들, 예컨대 「하나의 문법, 아서Arthur a Grammar」도 단순한 어구들의 반복을 통한 음악적 효과가 나타나며, 이런 현상을 비트겐슈타인의 『철학적 탐구Philosophical Investigations』와 겹쳐 읽어볼 수 있다. Marjorie Perloff, *Wittgenstein's Ladder: Poetic Language and the Strangeness of the Ordinary*, The University of Chicago Press: Chicago, 1996, pp. 92~98.

덕분이다.

근대적인 의미에서의 노동과 여가의 개념으로 분절되지 않았을 그의 세계는 매우 독특한 시간관을 보여준다. 그의 세계는 시계가 없는 세계다. 그 세계의 리듬은 그가 반복적으로 수행하는 일상적 행위에 의해 구성된다. 예를 들면 문을 열고 닫는 행위, 책상 앞에 앉았다 일어나는 행위, 빨래를 말리러 오고 가는 행위, 술을 마시고 취하고 깨는 행위 같은 것들 말이다.

나이트. 그가 즐겨 하는 행위의 목록은 대개 짝패의 동사들을 포함한다. 일상이 무너지지 않도록 지탱하기 위해서는 한 번 시작한 일을 마무리해야만 한다. 어떤 하나의 상태가 새롭게 반복되기 위해서는 그것과 반대되는 상태가 먼저 있어야 한다. 문을 열기 위해서는 최소한 문이 상대적으로 '더 많이' 닫혀 있는 상태가 필요하다. 예컨대 이런 문장이 짝패의 문장이다. "문을 열고 나간다. 문을 열고 들어온다"(「문」, p. 83).

그의 시간 이야기를 좀더 해보자. 그의 세계는 햇빛과 그늘, 봄과 여름과 가을과 겨울, 새와 나무, 이런 것들에 매우 민감하게 반응한다. 이것은 그의 도감(圖鑑)적 상상력 때문이기도 하고, 그에게 도시 문명에 남은 자연의 "얼룩"을 오래 들여다볼 만한 사랑과 자유가 있기 때문이기도 하다. 일상과 자연을 끈질기게 붙든 채, 언어도감의 편찬이라는 과업을 스스로에게 부과한 그는 사회적으로 인준된

규범적 성공과는 아주 멀리 떨어져 있는지도 모른다. 노동으로서의 시 쓰기는 어째서 이토록 시인을 낮고 낮은 자리에 두는가.

너는 실패다. 너는 언제나 다시 써야 하는 실패일 뿐이다. 너는 오직 실패일 뿐이고 실패를 통해서 얻을 수 있는 건 실패일 뿐이다. 모든 희망을 버려라. 너에겐 사후 명성 따위도 없을 것이다. 너는 걸신들린 주정뱅이, 치욕일 뿐이다. 너는 오점이다. 너는 다시 앉아 쓴다. 너는 너다. (「문」, p. 20)

"너"라는 이인칭의 존재가 그 자신을 가리키고 있는 것인지는 확언할 수 없다. 다만 분명한 것은, 시를 쓰고 있는 일인칭의 존재는 자신이 의식하고 있는 타 인칭의 존재들에게서 성공이 아닌 실패의 기미를 감지한다는 사실이다. 그의 혐오 어린 독설은 그 자신을 향하고 있는 것인가? 만일 그렇다면, 그는 자신 안에서 완전히 바스라지고 뭉개져 있다. Le cœur écrasé. 이것이 그를 위한 나의 제사(題辭)다. 어쩌면 그는 이인칭의 존재로 구체화된 자신에게, 그 어떤 것도 기대해서는 안 된다는 당부를 격렬한 마음으로 해두고 있는 것인지도 모른다. 그가 중세풍의 마조히스트가 아닌 이상, 그는 자신을 "치욕"과 "오점"으로 비유하면서 즐거울 수는 없었을 것이리라. 그의 심장은 여러 차례 죄어들고 그는 여러 차례 전락했으리라.

그에게 있어 존재의 의미는 부정성으로 온다. 어떤 특수성을 긍정적으로 정의함으로써 존재는 자신의 존립 근거를 찾기보다, 일반성의 영역에 속한 요소들을 부정적으로 지워감으로써 가까스로 스스로를 지탱한다. 「문」(pp. 22~23)의 일부를 보면, '그는'이라는 주어는 'A도 B도 C도……아닌'이라는 수식 어구에 의지하여 정의된다. 명사와 조사('도')의 결합체가 열거될 때 창출되는 음악적 효과는 유쾌하게까지 느껴지지만, 음(-)극으로만 정의되는 주어의 실상은 비극적으로 다가온다.

그는 실패한 나이트. 비록 시에서 구체적으로 의미화되고 있지는 않지만 그는 인간의 아들로서 인간이라는 명예로운 작위뿐만 아니라 인간이 지닌 모든 한계도 물려받고 있다.

모든 과거의 형태가 싫었다. 그는 싫어를 실여라고 발음했다. 그에겐 지울 수 없는 얼룩 같은 기억이 있었다. 누구라도 그러하듯이 그는 영원한 층계를 올라가기 시작했다. 내려올 수는 없게 된 층계였다. 그가 국립의료원 회화나무 아래서 오줌을 누며 그를 생각할 때 그는 더 이상 그를 생각하지 않았다. 그는 모든 과거가 지워지지 않는 얼룩처럼 싫었다. 그의 근육은 점점 사라져갔다. (「문」, pp. 61~62)

적어도 두번째 문장 속의 '그'('ㅣ') 뒤에 오는 모음을 구개

음화해서 발음하는 서울 방언의 특성을 지닌 사람)와 여섯번째 문장 속에서 생각의 대상이 되는 '그'는 나머지 부분의 '그'와 다른 존재로 보인다. '병원'이나 '사라지는 근육'처럼 노화와 투병의 흔적을 연상하게 하는 시어들을 보면서, 우리는 회상의 주체인 '그'가 부정하려 하나 부정할 수 없는 모종의 기원을 상정하게 된다. 그 기원이 부성(父性)적 존재인가 그렇지 않은가가 반드시 중요한 문제는 아닐지도 모른다. 그렇다 해도 시 속의 나이트가 자신의 출신을 도저하게 부정하고 있으며 자신에게 탕자의 영욕을 물려준 선대(先代)의 존재에게 부정적인 감정을 품고 있음은 외면할 수 없을 것 같다. 거듭되는 부정 속에서 그는 무력한 폰, 무력한 병졸로 전락해간다. 비극적인 전망을 지닌 패졸의 시각으로 볼 때, 이 세계는 자신의 의지대로 할 수 있는 것이 아무것도 없는 곳이다. 심지어 방을 드나드는 단순한 행위조차 그에게는 그저 반복적인 "실패의 구축"만을 가져다준다. "그는 이 방에 들어오고 싶지 않았는데 이 방으로 문을 열고 들어왔다"(「문」, p. 14).

무력해진 리어왕을 연상시키는 또 다른 '그'의 등장 이후로, "얼룩"이라는 단어를 중심으로 한 실패와 혐오의 서사가 진행된다. 문법이 엉클어질 정도의 내적 분노 혹은 방황이 가속화된다. 그는 세계가 남긴 하나의 얼룩에 불과한 존재가 된다. 인간의 역사는 얼룩으로 얼룩진 역사라고 할 수 있을지도 모른다. 그는 인간의 사소함 앞에서 치를 떨면서, 하나의 얼룩으로서 다른 얼룩들에 대해 발언한다. Le cœur écrasé. 뭉개져버린 심장 앞에서 그는 눈물로 얼룩진 얼굴을 들어 0도 아닌 음(-)의 자아로 세계의 바닥을 기어간다. 있어도 없어도 좋은, "관객 없는 광대"(「문」, p. 46)가 되어.

당신의 여왕

『흑백』에서, 투명하게 언어를 움직이겠다는 열망에 사로잡혀 있던 그에게는 불투명한 모든 것이 방해물과도 같았을 것이다. 그는 언어적 기획의 실패 속에서 결국 세계의 불투명성은 자신이 어찌해볼 수 없는, 자신의 주권을 벗어나 있는 것임을 깨달은 것일까. 『흑백』의 해설에서 적확하게 지적된 것처럼, 불투명한 타자성은 '나'의 세계를 구축하는 데 필수적인 조건이다(정과리). 말을 단어 층위에서 나열하고 반복함으로써 언어를 결정화(結晶化)하는 것에 주력했던 그는 이제 문장 층위에서 주어와 술어의 관계를 고민함으로써 존재의 드라마를 쓰기 시작한다. 자신을 무력하게 만드는 타자성, 자신의 세계에 파국을 가져오는 타자성에 대한 고민이 얼음처럼 투명하게 빛나던 그의 세계에 바야흐로 누수(漏水)의 계절을 몰고 오는 것이다.

해빙의 기미는 「문」의 초입에서부터 이미 엿보인다. "그대가 나를 사랑하나. 그대는 어디에. 나는 그대를 사랑하나"(「문」, p. 11). 이 거대한 한 편의 시 자체가 결국 일인칭의 나로 하여금 일상의 잠에 빠질 수 없게 하고 영원히 불안하게 하는 모종의 이인칭을 찾아나서는 일종의 탐색담과도 같다고 해도 좋겠다. 영혼을 잠식해 들어오는 불안의 바람은 이준규의 편력에 등재된 바 없었던, 어떤 신생(新生)의 단초이다.

그의 존재를 요동치게 만드는 타자성은 『토마토가 익어가는 계절』에서 여러 형상으로 구체적인 옷을 입고 나타난다. 그림자와의 통정이라고 부를 수 있을 법한 과격한 장면(「문」, p. 53)도 등장한다. 존재의 어두움이 응축되어 있는 그늘의 에너지는 강력하다. 자신이 파악할 수 없는 존재론적인 '어둠의 핵심'을 들여다보고자 하는 그가 요물처럼 생동하는 그림자에게 이끌리는 것은 어찌 보면 당연한 일이다.

강력한 적이 나타난다면 그것을 죽이려 노력해라. 이것이 그의 본능적인 무의식이다. 하나 자신의 숨이 끊어지지 않는 이상 자신의 그림자가 완전히 소멸될 수 있는 길은 없다. 강력한 적을 죽일 수 없다면 그것을 사랑하라. 이것이 그의 수정된 의식이다. 그림자와의 상상적 엑스터시는 제 존재의 추함과 더러움, 약함 같은 것들을 적극적으로 끌어안겠다는 의지의 표명이다. 존재의 암흑을 포옹하는 과정은 "둔중한 통증과 예상치 못했던 특별할 것 없는 쾌감"(「문」, p. 53)을 낳는다. 내가 사랑하는 이상적인 내가 깨어지고 내가 사랑할 수 없는 나와 새롭게 결합하는 과정에서 이 정도의 미진(微震)은 감수해야 할 몫이리라.

남성인 그에게 있어서 타자성의 가장 강력한 형상은 바로 여성으로 나타난다. 「문」에 등장하는 여성적 존재들이 하나의 실제 대상을 지시하는지 아닌지는 단정해서 말하기가 어렵다. "하얀 옷을 입은 여자"(「문」, p. 97)나 "빨간 기모노를 입은 그녀"(「문」, p. 99)는 어쩌면 동일한 존재가 정체성의 외부적 표지인 옷만을 바꿔 입으면서 연극적인 가장(假裝)을 하고 있는 것인지도 모른다. 어쨌든 그의 세계 안팎에 여인의 색(色)이 스며들고 있다는 것은 부정할 수 없을 것 같다. 그가 바라보고 있는 어떤 "공허한 시선의 여인"은 그에게 침대 위의 "누런 얼룩"(「문」, p. 70)으로 남는다. 그에게 있어서 욕망의 색깔은 채도가 낮고 불투명한 허망함에 가까운 모양이다.

그가 응시하는 여성은 현실 속의 구체적인 대상을 지칭한다기보다는 제의적인 상징물에 더 가까워 보인다. "무언가의 등장이 필요해. 짚으로 된 성숙한 여자 따위. 잘 타고 쉽게 사라질. 잘 타고 쉽게 사라질. 내 목을 부드럽게 비틀"(「문」, p. 45) 시인은 이 진술을 하기에 앞서 이미 "짚으로 된 여자"와의 스캔들을 서술한 바 있다.

그는 질질 끌며 정면을 본다. 정면엔 쉽게 태워버릴 수 있는 짚으로 된 여자가 다리를 꼬고 미니스커트를 입고 때론 브래지어를 추켜올리며 로제 와인을 마시고 있지는 않고 그저 낡은 속옷을 입고 초이스나 맥심 커피를 마시고 있을 뿐인데 그가 갑자기 너는 뭔데 왜 내 앞에 나타나 내 순수하기만 한 상상에 오물을 섞느냐고 외치자 짚으로 되어 쉽게 쓰러지고 쉽게 타버릴 것 같은, 엄밀하게는 여자라고 할 수 없는 여자는 짚으로 된 여자 같은 미소를 짓는 듯하더니 짚으로 된 주머니에서 짚으로 된 성냥을 꺼내 자신의 짚으로 된 몸, 그러니까 지푸라기의 결합체에 불을 붙이며 깔깔깔 웃으며 이 빈혈의 3류 시인아, 이 불면의 식은땀을 쥐어짜는 3류 시인아, 나는 탄다, 너의 슬픔 따위와는 상관없이 나는 타서 재가 된다. (「문」, pp. 24~25)

피와 살을 지닌 인간 여성이라고 할 수는 없는 짚으로 된 여자는 주술에 의해 살아난 마녀처럼 음울하고 두렵게 느껴지기까지 한다. 특히 인간이 아닌 것이 인간인 그에게 내뱉는 인간의 언어는 매우 공격적인 저주의 형태를 지니고 있다. 짚으로 된 여자와의 스캔들은 제의적인 중간 지대에서 꾸게 되는 한판의 지독한 악몽과도 같다. 그에게 따스한 타자가 내미는, 섬세한 위로의 손가락 같은 것은 없다. 그는 다만 존재의 질적 격리 속에서 자신에게 퍼부어지는 '비인격적인' 모멸의 언사를 그저 묵묵히 자신의 몫으로 감당해야 할 뿐이다. 그가 한 명의 남성으로서, 한

명의 시인으로서 품어보았을 법한 지배욕과 열정은 그의 상상 속에서 짚불의 형태로 변형되어 나타난다. 그는 모종의 상대를 은밀한 열정으로 불태우고 있다. 그 상대가 무엇인지 누구인지 우리는 알 수 없지만, 분명한 것은 '숨은 열정'은 그가 피를 쏟고 잠을 헌납하면서까지 끈질기게 겨루어야 하는 불멸의 과제라는 점이리라.

그는 영혼이 잠식될 위험을 딛고 과연 타자를 사랑할 수 있는가? "그가 고백한다. 널 사랑해. 그가 고백을 철회한다. 그가 거짓말한다. 그는 영원히. 그는 영원히"(「문」, p. 96). 사랑의 언어는 뒤척거림으로 온다. 존재의 앞과 뒤가 바뀌고 옆과 옆이 바뀌는 경험 속에서. 그렇기에 "나는 너를 사랑한다"(「문」, p. 99)는 말을 반복해 두고도 곧 "사랑할 수는 없는 것이다"라고 단호하게 자신의 입장을 뒤집는 그의 태도가 설득력을 지니게 되는 것이다. 그가 찾아 헤매고 있는 이인칭의 존재, 무소불위의 권능을 지닌 존재에 바치는 가장 아름다운 헌사가 여기에 있다.

비가 내리고 있었고, 비스듬한 너는 흐린 눈빛으로, 흐리지만 젖어 빛나는 눈빛으로 손짓했다. 가라는 건지 다가오라는 건지 알 수 없는 애매한 손짓을 하며 너는 다시 눈을 감았다. 꿈에. 꿈의 안에. 그 속에서. 너는 흐려지고 진해졌다. 나는 배회하는 나일 뿐이지만 너를 스치는 비를 정지시킬 수 있었다. 나는 그 비를 눈물이라고 칭하기로 했다.

(「문」, p. 102)

그의 내면에 타오르는 불은 역설적이게도 자기 파괴적인 열정이 극에 달했을 때 그가 흘리게 되는 눈물에 의해 꺼져버릴 것이다. 세계에 내리는 비는 내면에 흐르는 눈물의 공간적 번역에 다름 아니다. 그가 그답게, 매우 솔직한 방식으로 명명하고 있듯이, 타자의 불투명성은 그/녀에게 덧붙여진 수식어의 목록에서 잘 감지된다. 그/녀의 눈빛은 "흐리"고, 그/녀는 "꿈"의 내부에 머무르고 있다. 갈 길을 잃고 헤매는 음유시인, 그가 잘못 벌인 기우제의 효력을 상쇄할 만한 초월적 힘을 지니고 있는 존재는 바로 그/녀뿐이다.

제의는 일상의 갈등이 조정되고 존재가 제 의미를 발견하게 되는 사회적 드라마의 의미를 지닌다(빅터 터너). 이준규가 집행하고 있는 제의는 바로 사랑의 제의이며, 이 극적 구조 속에서 그는 비로소 자신의 나신을 대면하기 시작했다. 이준규가 제의의 드라마를 시작하게 된 것은 우연의 일치는 아니다. 놀이와 제의에는 모두 무상적인 유희성이 있고, 참여자들을 하나의 심리적·사회적 공동체로 묶는 기능성도 있다. 놀이가 표상하는 유아기의 역사에 머무르던 개인은 사회적 구성원으로서 존재하기 위해 통과의례를 비롯한 제의적 절차를 반복적으로 수행해야 한다. 이준규의 세계들 사이에 급박한 결렬이 존재한다면, 그것은 타자성과 대면하면서 제의적 도약을 감행하는 놀이꾼이 맞이할 수밖에 없는 당연한 파국이다.

여기에서 우리는 새로운 처용의 탄생을 본다. 그의 탄생은 인간의 탄생이 늘 그렇듯 여러 존재들의 합력(合力)에 의지한 것이다. 우선 그에게 마술적인 도취의 표상으로 다가왔던 "짚으로 만든 여인"이 제웅의 일종임을 기억해야겠다. 인간의 모양을 본 따 감염 주술이나 유사 주술의 대상으로 사용하는 제웅은 어원적으로 보았을 때 '처용'의 변이형이다. 그의 세계에 제웅이 들어온 이상, 그는 제웅이 표상하는 것들에 감염될 가능성에 계속해서 노출되어 있는 셈이다. 그리고 김춘수가 현대적으로 재해석한 바 있는 '처용'도 기억해두어야겠다.

처용의 변신은 다채롭기 이를 데 없지만(김열규), 이준규의 처용은 실연하고 우는 사내의 표상에 가까워 보인다. 처용의 탄생은 실연한 사내의 장구한 역사, 그 속에 펼쳐질 드라마를 예고하고 있는 것은 아닐까. 사랑의 비대칭성과 불가능성을 확인하고 문밖에서 도취의 노래를 부르는 남자의 내면에는 피의 수로가 파내어지고 있었을지도 모르는 일이다. 자신이 배설한 온갖 슬픈 체액 속에 서 있는 그는, 그렇다면, 노래를 포함해 모든 것을 그치고, 존재의 형질 변화가 일어나지 않는 평정의 상태에 투신하려 하겠는가?

문을 열고 너에게 다가가 묻는다. 내가 너를 사랑하는가.

가령 불가능하다. 불가능하고 불가능하여 파탄이다. 문을 연다. 너는 나를 사랑하는가. 문을 연다. 바람이 분다. 누군가 붉은 벽돌을 차곡차곡 쌓고 있다. 어제 본 소녀가 지나갔고 어디선가 다른 소녀가 길을 잃고 추위에 떨고 있다.
(「문」, p. 106)

그는 타자에 대한 사랑이라는 것이 얼마나 비논리적인 것인지, 얼마나 언어로 표현하기 어려운 것인지를 거듭해서 인정한다. 불가능성과 대면하는 그의 세계에는 소슬한 바람마저 불어온다. 존재와 존재의 경계를 어쩔 수 없이 확인하게 된다. 하나 그것은 그뿐만 아니라 그녀에게도 통용되는 진리다. 그의 세계를 스쳐가는 수많은 강력한 타인들이 있지만, 그들 역시 인간이 태생적으로 감내할 수밖에 없는 존재론적 추위 앞에서는 연약하기 그지없을 뿐이다. 그는 연약한 존재들이 자신의 세계에 오고 가고 드나들기를 비밀스럽게 갈망하고 있다. 그는 술보다도 눈물에 더 도취된 샤먼이다.

그가 처음에는 자신의 두번째 시집에 포함시키지 않았지만 결국 시집을 닫는 문 쪽에 배치해둔 「새앙각시」는 그가 그토록 지키고자 하는 '여왕'에게 보내는 한 편의 연애시로 읽을 수 있을지도 모른다. "각시"라는 단어에는 여러 가지 뜻이 있지만, 그중 하나는 '아내'라는 뜻이고, 다른 하나는 '색시 모양으로 만든 여자 인형'이다. 이준규는 축

자적으로나 비유적으로나, 각시를 사랑하고 있고, 설사 오쟁이 진 남편이 되어 남성으로 겪을 수 있는 최대한의 수치와 모멸감을 느끼는 순간이 있을지라도 제 각시에 대한 사랑을 포기하지 못할 것이다. 그는 각시가 자신의 사전 속에서 작고 의미 없는 존재가 아니라며, 아니기를 바라며, 희미한 웃음을 띤 채 "커져라, 새앙각시"(「새앙각시」, p. 173)라고 자신의 언어적 주술력을 발휘한다. 이것이, 바로 처용이 나를 향해 던지는 최고의 한 수. 그의 지혜로운 여왕이 전방위로 나에게 육박해온다.

죽는 왕

아, 장고(長考)는 늘 악수(惡手)를 부른다. 나의 장고를 이해해달라. 애초에 당신이 험지(險地)를 과감히 도모함으로써 나를 궁지에 몰아넣지 않았는가. 이번 판은 실패다. 당신과 언젠가 다시 겨루어야겠다. 당신이 이 판에 머무르는 한, 나는 당신의 적수가 되어 상아처럼 빛나는 적의로 당신의 숨통을 끊어놓을 방법을 궁리할 것이다.

아, 당신의 여왕이 우아하게 등장하여 나를 참혹하게 무너뜨린다. 흑왕(黑王)의 패배요 백왕(百王)의 승리다.